나는 당신이
미국 부동산으로
부자가 되면
좋겠습니다

나는 당신이 미국 부동산으로 부자가 되면 좋겠습니다

고미연 지음

일에일북

미국 하와이는 천혜의 자연환경으로
전 세계 투자자의 주목을 받고 있다

출처: 저자 제공

상. 와이키키 해변에서 여유를 만끽하는 관광객의 모습
하. 하와이 모쿠누이(Moku Nui), 모쿠이키(Moku Iki)섬의 모습

상. 하와이 카이(Hawaii Kai)의 쿠아파 연못(Kuapa Pond)의 전경
하. 저녁 시간대 알라모아나 비치 파크(Ala Moana Beach Park)의 모습

출처: 저자 제공

아름다운 자연과 어우러진 콘도텔은
일상의 여유를 찾고자 하는 사람들의 발길이 끊이지 않고 있다

하와이 호놀룰루 지역에 위치한 콘도 코울라(Koula)

출처: 저자 제공

하와이 호놀룰루 지역에 위치한 콘도 아주어 알라모아나(Azure Ala Moana)

출처: 저자 제공

좌. 미국 뉴욕에 위치한 콘도 로즈힐(Rose Hill)
우. 미국 보스턴에 위치한 콘도 더파커(The Parker)

출처: 저자 제공

미국 보스턴에 위치한 콘도 씨포트에슐란(Seaport Echelon)

출처: kpf.com

콘도 라운지의 모습

출처: 저자 제공

콘도의 라운지와 바(Bar)

출처: 저자 제공

다양한 모습을 갖고 있는 콘도의 라운지

출처: 저자 제공

주방과 바를 갖춘 콘도의 모습

출처: 저자 제공

콘도는 주거시설뿐만 아니라 어메니티(Amenity)라는
공용 부대시설도 갖춰져 있어 취미생활을 즐길 수 있다

출처: 저자 제공

콘도의 다양한 실내 수영장의 모습

출처: 저자 제공

실외 수영장의 모습

출처: 저자 제공

콘도의 어메니티 시설 중 하나인 건식 사우나

다양한 모습의 라운지와 옥상의 모습

출처: 저자 제공

콘도의 다양한 어메니티 시설(실내 볼링장, 실내 영화관)

출처: 저자 제공

콘도의 다양한 어메니티 시설(실내 당구장, 실내 체육관)

출처: 저자 제공

콘도 내부에는 다양한 피트니스 시설이 갖춰져 있다

출처: 저자 제공

더파커는 보스턴 커먼 공원(Boston Common Park)이 내려다보이는 곳에 있다

출처: 저자 제공

상. 미국의 일반적인 싱글하우스(단독주택)의 모습
하. 미국의 일반적인 콘도의 모습

상. 미국의 일반적인 타운하우스의 모습
하. 미국의 일반적인 멀티유닛의 모습

출처: 저자 제공

자산가들이
미국으로 향하는 이유

미국 연방준비제도(Fed·연준)는 2020년 코로나19 발생 이후 2년간 기준금리를 0.25%로 유지해왔습니다. 그러다가 인플레이션과의 전쟁을 선포하고 2022년 3월부터 12월까지 7차례에 걸쳐 급격히 금리를 인상했습니다. 연준이 금리 인상을 단행할 때마다 미국의 나스닥, 다우지수는 물론 한국의 코스피, 코스닥 지수도 급락하며 부진한 실적을 이어갔습니다.

한국의 부동산 시장은 2021년 겨울부터 거래량이 급감했습니다. 한국은행을 비롯한 전 세계 중앙은행의 급격한 금리 인상의 여파로 경기 침체에 대한 우려가 높아졌습니다. 서울 아파트는 2023년 1월 기준 가장 낮은 거래량을 기록하며 시중에는 부동산 거래 실종이라는 얘기도 나왔습니다. 이렇게 낮은 거래량은 2010년 관련 통계를 작성한 이후 처음입니다.

급격한 금리 인상이 한국의 실물 경기에만 영향을 준 것은 아닙니다. 미국에서도 연준의 강경한 금리 인상 의지로 인해서 2022년 6월부터 일부 지역에서 거래량이 감소하기 시작했습니다. 더불어 연준의 고강도 긴축의 여파로 원·달러 환율은 꾸준히 상승했고, 2009년 4월 1일 이후 최고치를 경신했습니다(2022년 9월 30일). 현재 한국인이 미국 부동산에 투자하기에 우호적인 시기는 아닙니다. 그럼에도 불구하고 여전히 많은 한국 자산가로부터 미국 부동산 투자에 대한 자문 의뢰가 끊이지 않고 있습니다.

왜 자산가들은 미국 부동산에 투자할까?

첫째로 자산가들은 경기 불황이 우려될수록 안전 자산에 분산투자하기를 원하기 때문입니다. 미국은 전 세계 GDP 1위 강대국입니다. 미국 주요 도시의 부동산은 전 세계 어떤 자산보다도 안전한 자산으로 평가받고 있습니다. 전 세계 기축 통화인 미국 달러로 된 자산은 미국인뿐만 아니라 전 세계인이 보유하기를 원합니다. 한국의 자산가들은 전 세계 경기가 불안정한 시기에 미국 달러가 최고의 안전 자산이라고 여기고 있습니다. 그래서 원·달러 환율이 올라 미국 부동산에 투자하기 어려운 상황에도, 미국 부동산에 꾸준히 관심을 갖고 있습니다. 오히려 환율이 더 오르기 전에 달러로 된 자산을 보유하려고 합니다.

둘째로 화폐 가치가 강하고 안정적인 달러로 된 임대수익이 발생하기 때문입니다. 미국은 여전히 낮은 실업률을 보이며 일자리도 풍부합니다. 주요 대도시의 경우 탄탄한 월세 수요가 뒷받침되어 안정적인 현금 흐름을 창출할 수 있습니다. 미국 연준은 2022년 3월부터 긴축을 단행했습니다. 고금리와 강달러라는 무기를 갖고 인플레이션과의 전쟁을 선포한 것입니다. 그럼에도 불구하고 2022년 12월 지금도 3.7%라는 낮은 실업률을 기록하고 있습니다.

미국의 낮은 실업률은 강화된 이민법으로 인한 외국인 노동자의 감소, 젊은 세대의 조기 은퇴, 코로나19로 인한 경제활동 인구의 감소 때문입니다. 이런 인력 부족 현상은 단기간에 해결하기 힘듭니다. 특히 높은 월세를 지불할 능력이 되는 고급 인력 그룹에서 더욱 심각한 문제로 대두되고 있습니다. 따라서 미국 정부와 중앙은행이 긴축 정책을 펼치는데도 불구하고 높은 고용률과 주택 임대 수요가 예상됩니다.

미국은 우리나라와 달리 전세 제도가 없습니다. 집을 자가 소유하든지 월세로 거주해야 합니다. 금리가 급격히 오르는 상황에서는 사람들이 주택 매수 결정을 미룹니다. 그래서 월세 계약 연장을 하거나 새로운 월세를 구합니다. 이로 인해 임대주택에 대한 수요가 더욱 높아질 수밖에 없습니다. 'KB부동산 월간 주택시장 동향'에 따르면 2022년 8월 서울의 아파트 평균 매매가격은 12억 7천 879만 원으로 집계되었다고 합니다. 미국 뉴욕의 맨해튼(Manhattan), 하와이 호놀룰루(Honolulu) 등 주요 대도시에 이 정도 매매가격의 주택을 구입할 경우 관리비를 제외하고 매월 400만 원이 넘는 월세 수입을 기대할 수 있습니다.

셋째로 미국 부동산 투자를 통해 세금을 절약하고 싶어 하기 때문입니다. 미국에 부동산을 구입할 때 미국과 한국에 납부하는 취득세는 없습니다(미국의 경우 뉴욕과 같은 일부 주에서 있음). 한국인이 해외에 주택을 보유해도 종합부동산세 대상이 아닙니다. 해외에 소재한 주택은 보유 주택수를 산정할 때도 제외되기 때문에 양도소득세 중과 대상이 아닙니다. 해외 부동산을 매도해서 차익이 발생하더라도, 한국에는 일반 과세로 양도소득세를 신고·납부하게 되어 있습니다.

즉 한국의 다주택자들에게 부과되는 중과세로 인한 세금 부담이 해외 부동산에는 없는 것입니다. 이렇게 미국 부동산이 합법적으로 절세할 수 있는 투자용 부동산이라는 점이 많은 부동산 투자자에게 중요한 장점으로 손꼽히고 있습니다.

넷째로 외국인이라 할지라도 미국 주택담보대출을 70%까지도 받을 수 있기 때문입니다. 미국에 소재한 은행들은 외국인투자자에게도 주택담보대출을 제공하고 있습니다. 그래서 부동산 구입 시 부동산 매매대금의 전액을 달러로 환전하지 않아도 대출을 받아 잔금을 치를 수 있습니다. 이로 인해 높아진 원·달러 환율에 대한 부담을 상쇄시킬 수 있는 것이죠. 이렇게 대출을 받으면 부동산 전체 매매대금보다 훨씬 적은 자기자본투자금(Downpayment)으로 부동산을 구입할 수 있습니다. 레버리지(Leverage)를 통한 투자 이익을 추가로 누릴 수 있는 것입니다.

물론 금리가 오르면 주택담보대출에 대한 이자 부담이 높아집니다. 기대 월세수익률보다 대출 금리가 더 높은 시기에는 무작정 많은 대출을 받아서 집을 구입하는 것이 현명한 판단은 아닙니다. 오히려 자기자본투자금을 높이거나 금리 추이를 살피며 부동산 투자 시기를 조정할 필요가 있습니다.

하지만 현명한 투자자라면 금리 인상으로 인해 2022년 상반기까지만 해도 매도자 우위 시장이었던 미국 부동산이 매수자 우위 시장으로 반전된 분위기를 역이용할 겁니다. 미국의 희소한 입지에 위치한 부동산 매물을 합리적인 가격과 유리한 조건으로 구입할 수 있는 기회로 삼겠죠. 또한 몇 년 뒤 금리가 저렴해지면 재융자(리파이낸싱)를 받을 수도 있습니다. 미국 은행의 주택담보대출 상품은 보통 중도상환수수료가 없습니다. 30년 고정금리 상품이 일반적이기 때문에 저금리 시기에 많은 미국인이 재융자를 받습니다.

달러를 이미 확보하고 있는 투자자라면 매수자 우위가 된 시장 분위기를 기회로 좋은 부동산을 합리적인 가격에 매수할 수 있습니다. 만약 달러가 준비되어 있지 않다면 각국 중앙은행의 정책과 경제지표의 추이를 지켜보며 투자에 더욱 신중해야 합니다.

하지만 훌륭한 투자자는 기회가 오면 언제든 투자할 준비가 되어 있어야 합니다. 만약 독자 여러분이 긴 투자 여정 가운데 언젠가 미국 부동산을 매수하게 된다면, 앞으로 빈번하게 찾아올 강달러 시대에 여러분을 부자로 만들어줄 것이라고 생각합니다. 저는 여러분이 미국 부동산으로 부자가 되면 좋겠습니다.

글로벌프론티어에셋 대표 고미연

투자금이 적을수록
미국 부동산을 사라

투자금이 적어도 미국 부동산을 취득할 수 있을까요? 답은 "예스!"
입니다. 다음 페이지 상단의 사진 속 우뚝 솟은 콘도는 하와이 와
이키키(Waikiki)에 위치한 콘도텔(Condo-tel)입니다. 500m 안에 와
이키키의 모든 맛집, 아름다운 해변과 바다, 쇼핑 매장, 고급 호텔
등 관광지가 모여 있습니다. 이 콘도텔은 하와이 휴양의 중심지 와
이키키와 쇼핑의 중심지인 알라모아나(Ala Moana) 지역 중간에 위
치하고 있어 1일 단위 단기임대 숙소로 인기 있습니다.

콘도텔은 콘도미니엄(Condominium: 일반적인 한국의 아파트)과 호
텔(Hotel)을 융합시킨 용어입니다. 한국의 생활형 숙박시설과 유사

∘ **하와이 와이키키에 위치한 콘도텔**

출처: hawaii.house

한 부동산의 유형 중 하나입니다. 최소 1일 단위로 단기임대를 줄 수 있게 되어 있어 관광객이 많은 지역에서는 높은 임대 매출을 올릴 수 있는 투자용 부동산입니다. 이러한 콘도텔은 미국 각각의 주(State), 카운티(County), 빌딩마다 다른 법과 규정을 적용받습니다. 많은 주와 지역에서 이런 숙박업은 허가를 받기 어렵기 때문에 단기임대가 가능한 부동산은 희소성을 갖는 경우가 많습니다.

탁월한 입지도 장점이지만 고층에서는 와이키키 해변이 눈앞에 펼쳐지고 하와이의 상징과도 같은 관광 명소인 다이아몬드헤드산(Diamondhead Mountain)까지 조망할 수 있으며, 북쪽으로는

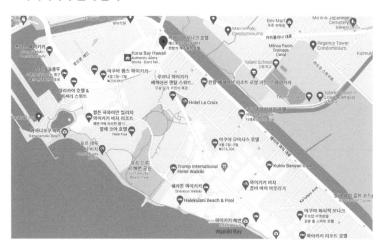

출처: 구글 지도

알라와이(Ala Wai) 운하도 내려다보이는 아름다운 전경을 즐길 수
있습니다.

이런 탁월한 입지 덕분에 1976년에 지은 오래된 연식에도 불구
하고 이 콘도텔의 매물들은 나오자마자 며칠이 지나지 않아 판매
되곤 합니다. 2022년 12월 기준으로 전용면적 19~23㎡(6~7평) 원
룸의 실거래가와 매물로 나와 있는 집들의 가격은 최저 26만 달러
정도로 형성되어 있습니다. 이 가격 또한 코로나19로 인해 관광객
들의 방문이 줄어 힘들었던 2020년 상반기에 비해 20% 이상 오른
가격입니다. 이 콘도텔은 나와 있는 매물이 항상 적고, 괜찮은 매
물이 나오면 10일 미만, 심지어 20시간 안에도 판매됩니다.

이 콘도텔의 인기 이유는 10만 달러가 채 안 되는 투자금으로

구분	금액(USD)	설명
매입가격	260,000	2022년 12월 스튜디오 매물 호가
대출금	182,000	매입 가격의 70%
자기자본투자금(A)	78,000	매입 가격의 30%
취득 부대비용(B)	7,800	매입 가격의 약 3%
인테리어 비용(C)	10,000	도배비, 가구비, 소모품비
투자금(A+B+C)	95,800	대출을 제외한 총 필요 현금

매월 10% 이상의 월 수익률을 얻을 수 있기 때문입니다. 투자금 10만 달러(한화 약 1억 2,000만 원)로 미국 하와이 와이키키에 주택 1채를 사서 우리 가족이 여름이나 겨울 휴가철에 별장으로 사용하고, 우리 가족이 사용하지 않을 때는 관리대행사에 맡겨 단기임대사업을 운영해서 매달 110만 원씩 수입을 올릴 수 있다니 정말 솔깃하죠? 제 말이 맞는지 함께 계산해보겠습니다. 일단 단기임대사업의 수익률을 구하기 전에 이 콘도를 구매하는 데 드는 투자금이 얼마인지 산출해보겠습니다.

2022년 12월 기준 최저 호가인 26만 달러짜리 매물을 대출받아 구입한다고 가정해보겠습니다. 미국에서 집을 사는데 외국인인 제가 대출을 받는다고요? 미국은 미국에 거주하지 않는 외국인에게도 집값의 70%까지 주택담보대출을 제공해줍니다. 대출을

○ **월 예상 수입과 예상 수익률 예시**

구분	금액(USD)	설명
투자금(A)	95,800	대출을 제외한 총 필요 현금
연 예상 매출액(B)	30,660	일평균 숙박비 120달러, 30% 공실 가정
대출이자(C)	9,100	금리 5% 가정
관리대행 수수료(D)	4,600	연 예상 매출액의 15%
관리비(E)	4,080	월 340달러
재산세(F)	840	월 70달러
보험료(G)	600	월 50달러
인터넷(H)	600	월 50달러
회계사 수수료(I)	400	연 400달러
소모품비(J)	400	연 400달러
비용 합계(K)	20,620	C + D + E + F + G + H + I + J
연 순수익(L)	10,040	B - K
연 수익률	10.5%	(L)/(A)

70% 정도 받는다고 생각해봅시다.

집을 살 때 집값의 30%를 자기자본투자금으로 납부한다고 가정해볼게요. 그리고 이 집을 살 때 취득 부대비용은 3% 정도 든다고 계산해보겠습니다. 또한 최근에 리모델링한 집을 사지 않는 이상 기본적인 도배비와 가구(침대, 매트리스, 소파, 식탁과 의자, TV 테이블 등)와 가전(TV, 전자레인지, 커피 머신, 토스터기 등), 소모품을 사야 합니다. 1만 달러 정도 들었다고 해보죠. 이 집을 살 때 들어가는 나의 총 투자금은 9만 5,800달러 정도입니다. 그렇다면 월 예상 수입과 예상 수익률은 얼마나 될까요?

월 예상 순수익은 837달러, 연 수익률은 10%가 조금 넘게 나옵니다. 1억 원대 초반의 투자로 미국 하와이에 우리 가족의 집, 별장도 마련하고 매달 모든 비용을 제외하고 100만 원이 넘는 수익을 얻는 셈입니다. 너무 공격적이고 희망회로를 돌리는 가정이 들어간 게 아닐까 의구심이 들 수도 있습니다. 그럼 하나하나 짚어보겠습니다.

일단 이 집을 살 때 드는 투자금은 9만 5,800달러로 위에서 구했습니다. 연 예상 매출액은 어떻게 구했는지 함께 보겠습니다. 에어비앤비 사이트에 들어가서 숙박비를 검색해보겠습니다. 하와이의 성수기는 사립학교의 서머스쿨(Summer School)이 운영되는 6, 7, 8월과 추수감사절이 있는 11월, 전 세계 많은 도시에 추운 겨울이 찾아오고 연말연시 휴가가 있는 12, 1월입니다. 비수기인 2월 한 달간 이 콘도텔을 임대한다고 가정해보겠습니다. 가격은 아무리 못해도 1박에 최소 120달러는 줘야 합니다. 가장 저렴한 숙박비로 운영한다고 가정하고 일 예상 숙박비를 120달러로 잡아보겠습니다.

120달러에서 플랫폼 서비스 수수료, 청소비, 부가가치세는 왜 안 빼냐고요? 에어비앤비의 숙소 상세보기에 들어가면 숙박비 외

◦ 에어비앤비의 숙소 상세보기 화면

$119 /박   ★ 4.68 · 후기 263개

체크인	체크아웃
2023. 2. 1.	2023. 2. 28.

인원
게스트 1명   ∨

예약하기

예약 확정 전에는 요금이 청구되지 않습니다.

$119 x 27박	$3,213
청소비	$105
서비스 수수료	$468
세금	$589
총 합계	**$4,375**

에도 청소비, 서비스 수수료, 숙박세와 수수료를 투숙객에게 별도로 부과하고 있는 것을 확인할 수 있습니다. 일평균 숙박비를 120달러로 잡고 30%는 자연 공실이 발생하고 70%만 투숙한다고 가정해보겠습니다. 일평균 숙박비를 정리하면 다음과 같습니다.

120달러×365일×점유율 70% = 3만 660달러

연 예상 매출액은 3만 660달러로 구해졌습니다. 다음은 단기임대사업을 운영할 때 드는 비용을 생각해볼게요. 일단 70%나 대출

∘ 하와이안모나크 판매가격

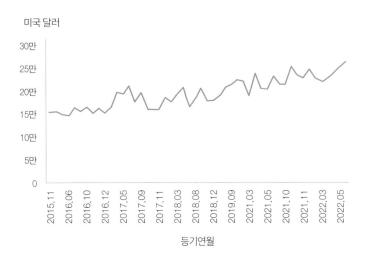

미국 달러

출처: mls.com

을 받았으니 5년 고정금리 5%(2022년 12월 기준)를 가정하면 대출
이자가 연 9,100달러(월 759달러)가 나갑니다. 그리고 하와이에서
단기임대용 부동산을 관리대행하는 부동산 공인중개사가 많은데
매출액의 10~20% 정도를 수수료로 가져갑니다.

또한 관리비로 한 달에 340달러, 재산세가 월 70달러, 보험료로
월 50달러, 인터넷과 넷플릭스 월정액이 50달러, 세무 신고 비용
으로 회계사 수수료가 연간 400달러, 숙박객을 위해서 화장지, 주
방 세제, 세탁 세제, 전구 등을 구비해두는 데 연간 400달러 정도
들어간다고 생각해볼게요. 총 소요 비용은 2만 620달러 정도입니
다. 연 예상 매출액에서 연 예상 비용을 빼면 연 순수익은 1만 달러

가 조금 넘겠네요. 이렇게 9만 5,800달러 투자로 매달 837달러의 순수익을 올리고 연 수익률은 10%가 조금 넘습니다.

미국 부동산 투자자가 얻을 수 있는 건 쏠쏠한 월세 수익뿐만이 아닙니다. 꾸준히 오르는 부동산 자산 가격에 대한 시세차익도 있습니다. 미국, 특히 하와이의 부동산은 역사적으로 급락이 거의 없는 안정적인 부동산으로 알려져 있습니다. 앞에 나온 그래프는 2016년도부터 최근까지 거래된 하와이안모나크(Hawaiian Monarch) 콘도텔 매물의 실거래가를 정리한 것입니다. 이처럼 등락은 있었지만 오래된 콘도임에도 불구하고 꾸준히 실거래가가 상승한 것을 알 수 있습니다.

1억 원이라는 투자금은 절대 적은 돈이 아닙니다. 하지만 부동산은 투자금액의 시작 단위가 큰 자산입니다. 막상 한국에서 1억 원의 투자금을 갖고 부동산에 투자하려면 서울이나 지방의 핵심지역은 어렵죠. 역세권이지만 오래된 오피스텔이나, 지방에서도 외곽의 낡고 입지가 떨어지는 아파트나 재개발 지역으로 눈높이를 낮춰야 할 겁니다.

같은 돈으로 미국, 그것도 365일 연 평균기온 26도에 미세먼지가 없고 청명한 하늘과 끝없이 펼쳐지는 에메랄드빛의 바다로 둘러싸인 하와이의 관광과 비즈니스 중심지에 우리 가족만의 별장 겸 수익형 부동산을 마련하면 어떨까요? 벌써부터 가슴이 두근두근하고 기대감에 설레지 않으신가요?

이 책에는 제가 2019년부터 미국 부동산에 투자하며 얻은 노하우를 모두 담았습니다. 저는 지금까지 제 고객과 지인 총 100여 명이 미국에 집을 사도록 도왔습니다. 그래서 그 과정을 누구보다도 생생히 알고 있다고 자부합니다. 그리고 미국에 내 집을 마련하고자 하는 한국인들의 어려움을 누구보다 잘 이해하고 있습니다. 여러분은 제가 지금까지 겪었던 시행착오를 겪지 않게 되기를 바랍니다. 이 책과 함께라면 그렇게 될 수 있을 것입니다.

✦ **목차** ✦

지은이의 말 자산가들이 미국으로 향하는 이유   ✦ 30
프롤로그 투자금이 적을수록 미국 부동산을 사라   ✦ 36

✦ ─────── **1장** ─────── ✦

나는 미국 부동산으로
글로벌 자산가가 되었다

해외 부동산에서 돌파구를 찾다   ✦ 53
이왕 해외 부동산에 투자한다면 1위 국가로   ✦ 59
미국 부동산 투자를 망설이는 이유   ✦ 65
자산가들이 미국 부동산에 투자하는 이유   ✦ 71
전 세계 자산가가 하와이에 투자하는 이유   ✦ 78

**실전 투자
에피소드**   미국 부동산 투자로
1억 원을 목돈으로 만들다   ✦ 84

───────── **2장** ─────────

당신도 미국 부동산을
알았으면 좋겠습니다

미국 주택의 유형과 장단점 ✦ 91

개인으로 살까? 법인으로 살까? ✦ 100

피심플(Fee simple)과 리스홀드(Leasehold) ✦ 105

초보는 놓치기 쉬운 콘도 구입 시 체크리스트 ✦ 111

에스크로(Escrow) 회사를 꼭 써야 할까? ✦ 124

소유권 보험을 꼭 들어야 하나요? ✦ 131

실전 투자 에피소드 파이어족으로 은퇴하는 직장인이
새로운 현금 흐름의 파이프라인을 얻다 ✦ 136

3장

따라 하면 성공하는
실전 투자법

한 번에 끝내는 미국 부동산 구매 절차   + 143

미국에서 쉽게 집 찾는 질로우(Zillow) 사용 매뉴얼   + 167

해외 부동산 취득 신고, 송금, 관리 보고 절차   + 182

한 번에 끝내는 미국 부동산 구매 비용   + 200

미국의 투자용 임대 부동산 관리 노하우   + 206

미국 지역별 주요 콘도 소개   + 211

실전 투자 에피소드 미국에 한 번도 방문하지 않고
단기임대사업을 운영하다   + 226

4장

미국 부동산 세금
완전 정복

미국에서 부동산을 살 때 발생하는 미국 세금   + 233

미국에서 부동산을 살 때 발생하는 국내 세금   + 245

미국 소득세 신고 시 알아야 할 경비 처리 항목   + 247

1031 Exchange 제도를 적극 활용하자   + 255

외국인 부동산 투자 원천징수법(FIRPTA)이란?   + 260

실전 투자 에피소드 외국인도 받을 수 있는 주택담보신용대출로
현금 부담을 줄이다   + 264

---- 5장 ----

외국인이 미국에서
대출 잘 받는 방법

미국 주택담보대출 상품의 종류 ✦ 271

미국의 대출 금리 상품은 어떤 것이 있을까? ✦ 274

미국 은행에서 검토하는 주요 항목 ✦ 279

미국에서 대출받을 때 제출하는 서류 ✦ 287

대출의 시작은 대출 담당자를 잘 선택하는 것 ✦ 291

현지 전문가가 알려주는 미국 주택담보대출 꿀팁 ✦ 298

미국 주택담보대출의 꽃 HELOC ✦ 305

실전 투자
에피소드
대출 담당자를 바꾸고
더 좋은 조건으로 재융자를 받다 ✦ 308

부록1 미국 현지 전문가 인터뷰 ✦ 311

부록2 미국 부동산 필수 용어 정리 ✦ 329

부록3 별첨 서류 ✦ 335

1장

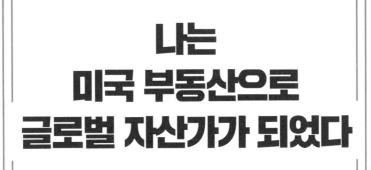

나는
미국 부동산으로
글로벌 자산가가 되었다

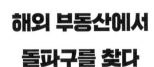

해외 부동산에서
돌파구를 찾다

베트남으로 부동산 임장을 떠나다

제가 처음부터 미국 부동산에 투자하려고 한 것은 아닙니다. 저는 2014년부터 재건축, 재개발, 분양권, 상가투자, 꼬마빌딩 신축까지 활발하게 부동산 투자를 해왔습니다. 그러다 2017년쯤 정부가 쏟아낸 부동산 정책과 규제에 지친 상태였습니다. 부동산 정책과 규제에도 불구하고 집값은 상승해서 수익을 올리고 있었지만, 마음 한편에는 이런 생각이 자리 잡았습니다.

'내가 한국에서 부동산 투자로 소득을 내는 게 그렇게 나쁜 걸까? 부동산 투자를 누가 불로소득이라고 했던가. 점심시간, 퇴근 후, 주말마다 열심히 공부하고 분석하고 손품과 발품을 팔며 내 시간과 노력을 들이는 일인데…. 국내에서 부동산 투자를 하며 이런 어려움을 겪느니 차라리 해외 투자로 눈을 돌려보자.'

다주택자에 대한 정부의 규제와 언론의 뭇매도 한몫을 했지만 저는 이전부터 투자 포트폴리오에 해외 자산도 포함시키고 싶었습니다. 작은 글로벌 이슈에 매번 직격탄을 맞아 출렁대는 한국의 자산 외에 분산 투자를 목적으로 해외 자산을 갖고 싶었습니다. 그러다 베트남 투자가 한창 열을 올리던 2017년에 우연히 친구 2명이 베트남에 투자했다는 소식을 듣게 되었습니다.

마침 해외 부동산에 관심을 갖고 있던 저는 당장 베트남 호찌민으로 향했습니다. 호찌민 떤선녓 국제공항에 입국해서 호텔에 짐을 풀기도 전에 부동산 임장을 하러 택시에 올랐습니다. 도로를 가득 메운 오토바이와 매캐한 매연이 호찌민에 왔다는 것을 느끼게 해줬습니다.

친구의 추천으로 부동산 개발사 2곳과 미팅을 하고, 개발 중인 현장과 몇 개의 모델하우스를 보고 왔습니다. 저는 판단력이 매우 빠른 편입니다. 그래서 당시 베트남 투자를 하지 않기로 결정했습니다. 아마 당시 투자했다면 2배 정도는 수익을 볼 수 있었을 겁니다. 하지만 저는 그때 투자하지 않은 게 하나도 아쉽지 않습니다.

° 택시 안에서 바라본 호찌민 시내 전경

출처: 저자 제공

제가 베트남에 투자하지 않은 이유는 지금도 변함이 없습니다.

사회주의 국가의 한계

제가 당시 베트남에 투자하지 않은 이유 중 하나는 사회주의 국가의 한계 때문이었습니다. 베트남은 해외투자자에게 호의적이고 자유 무역을 지향하는 국가지만, 사회주의 국가이기 때문에 외국인투자자 입장에서는 몇 가지 결정적인 단점이 있습니다. 그중 하나는 국가가 토지를 소유하기 때문에 외국인에게는 토지를 임대할 뿐 소유권을 넘겨주지 않는다는 점입니다. 50년간, 1회 연장 가능해서 최대 100년까지 임대할 수 있습니다. 단순히 건물에 대한 소유권과 토지에 대한 임대권만 얻는다고 하니 영 불안합니다.

물론 옛날 사고방식일 수는 있습니다. 그러나 제가 부동산을 좋아하는 이유는 토지라는 자산은 희소하고 유일한 투자대상이기 때문입니다. 새 땅을 간척하거나 우주로 이주하지 않는 한 토지의 가치는 변함없을 것입니다. 이런 저에게 토지에 대한 소유권도 안 주고, '핑크북(Pink Book)'이라 불리는 집 문서도 주지 않는다는 건 제 투자 원칙에 위배되는 일이었습니다.

또한 시행사나 부동산 중개법인의 이야기를 들어보니 부동산이 개발되는 과정, 인허가, 건설, 분양 및 관리 과정 전반이 불확실하고 영 애매모호한 구석이 많았습니다. 분양권을 사더라도 실제 착공이 언제 될지 모르고, 인허가, 분양, 건설 과정에서 정부 관계자들에게 로비를 해야 한다고 했습니다. 또 자칫 잘못하면 속절없이 건설이 중단될 수도 있고 보상은커녕 환불도 불확실하다고 했습니다. 설명을 들으니 좀처럼 불안해서 투자하기 망설여졌습니다.

외국인끼리 매도와 매수

당시 베트남 호찌민에 분양 중인 콘도들을 보면 외국인이 살 수 있는 분양 비율을 제한하고 있었습니다. 이상한 점은 외국인 분양가가 현지인의 일반 분양가보다 훨씬 높다는 점이었습니다.

인기가 많은 콘도의 경우 외국인의 분양 매물은 모두 팔린 것을 확인할 수 있었습니다. 그런데 베트남 현지인에게 분양하는 매물은 미분양이 너무 많았습니다. 이 말은 해당 콘도가 가격이 저렴한데도 불구하고 매력적이지 않든지, 매력적이긴 하지만 너무 비싸든지 둘 중 하나일 거라고 생각했습니다. 현지인들 수요만으로 주택 매물이 충분히 소화되어야 향후 내 집을 팔기 쉽기 때문입니다.

그러나 아직까지 베트남 현지인의 평균적인 생활 수준이 이런 고급 콘도를 구입할 만한 여력이 안 된다고 판단했습니다. 결국 한국인이나 외국인들끼리 부동산 매물을 돌고 돌리는 게임이 될 게 뻔했습니다. 그렇다면 또 다시 경제위기가 오거나 해외투자자들이 베트남에서 빠지면 내가 투자한 부동산을 매도하는 게 너무 힘들어질 것 같았습니다.

그리고 개인적으로 베트남 임장을 다니면서 심각한 공기오염과 낙후된 인프라를 몸소 겪었습니다. 내가 군이 한국이 아닌 해외에 부동산 투자를 하는데, 한국보다 환경이 좋지 않은 곳에 하고 싶지는 않았습니다. 그리고 나중에 부동산 임대나 매도가 어려워지면, 아이를 데려와서 외국인 학교라도 보내야 할 텐데 그것도 쉽지 않을 것 같았습니다. 이렇게 생각하니 눈앞이 깜깜해졌습니다.

남편을 설득해서 베트남에 부동산 임장까지 다녀왔지만, 남편과 심도 있게 상의한 후 추천받은 모든 부동산에 투자하지 않기로 결정했습니다. 코로나19 이후 베트남은 국가 봉쇄를 하면서 외국인들이 입국할 수 없었고, 강력한 봉쇄 정책으로 주택 개발과 건설

◦ 베트남 호찌민 시내 전경

도 오랜 기간 중단되었습니다. 베트남 분양권에 투자한 많은 한국 인이 투자금을 돌려받지 못했고, 건설은 하염없이 지체되고 있습 니다. 코로나19를 예상한 것은 전혀 아니었습니다. 다만 사회주의 국가 투자에 대한 리스크 예측과 여러 요인에 대한 판단력이 잘 맞 아떨어진 것 같습니다.

이왕 해외 부동산에
투자한다면 1위 국가로

동료들의 하와이앓이, 얼마나 좋길래?

2019년이었습니다. 정부가 규제와 대책안을 내놓을수록 한국의 부동산 시장은 더욱 뜨거워졌습니다. 저는 정부의 부동산 규제가 시작되었던 2017년부터 해외 부동산에 투자하고 싶다는 생각을 했습니다. 베트남에 부동산 임장까지 다녀왔지만, 큰 소득이 없었기에 해외 부동산 투자는 잠시 잊고 지냈습니다. 2014년부터 꾸준히 투자한 국내 재건축 입주권, 아파트 분양권, 재개발 주택, 오피스텔들의 이자를 내고 원금을 조금씩 갚으며 지냈습니다.

그러던 중 회사 동료들이 밝은 표정으로 회의실에서 웃는 모습을 봤습니다. 저는 궁금증을 갖고 대화에 참여했습니다. 들어보니 한 선배가 여름 휴가로 하와이 여행을 다녀왔는데 그곳이 천국 같다는 것이었습니다. 부서에서 일중독으로 유명한 선배였는데, 하와이에 이민을 가서 푸드트럭 사업을 하며 남는 시간에는 서핑을 즐기고 싶다고 했습니다. 저는 한 번도 하와이에 가본 적이 없었지만, 환히 웃는 선배를 보며 머릿속에 하와이를 떠올려봤습니다. 구름 한 점 없는 푸른 하늘, 선명하고 아름다운 무지개, 미세먼지와 습기 없는 쾌적하고 깨끗한 공기, 야자수 잎 사이로 살랑이는 바람과 에메랄드빛 바다의 이미지가 떠올랐습니다.

선배는 제가 아는 한 가장 야망 가득하고 일중독인 사람입니다. 이런 사람이 만사를 제쳐두고 이민을 가고 싶다니 놀라웠습니다. 궁금해서 저도 가보고 싶었습니다. 그래서 남편에게 연말에 하와이에 가자고 제안했습니다. 에메랄드빛 바다를 상상하며 행복하게 여행 계획을 짜기 시작했습니다. 준비하며 가장 놀랐던 점은 너무나 비싼 호텔 가격과 그 가격에 비해 허름하고 오래된 호텔 시설이었습니다. 그나마 예산에 맞고 평점도 좋은 호텔을 예약해서 결제하려고 하는데, 세금이 추가로 과금되면서 계획된 예산을 훨씬 상회했습니다.

좀 더 저렴한 숙박을 찾고자 에어비앤비를 통해 다른 숙박시설을 찾아봤습니다. 그런데 70년도 더 된 콘도텔의 단기임대 가격도 결코 저렴하지 않았습니다. 갑자기 하와이의 부동산 가격을 확인해보고 싶었습니다. 도대체 집값이 얼마길래 이런 낡은 콘도텔의 숙박료가 이렇게나 비싼 건지 궁금했습니다. 구글 검색으로 질로우(Zillow)라는 미국 부동산 매물 검색 플랫폼을 찾았고, 호놀룰루 지역의 부동산 가격을 검색해봤습니다. 놀랍게도 서울의 부동산 가격과 비교해 하와이 와이키키의 부동산 가격이 생각보다 비싸지 않게 느껴졌습니다.

갑자기 호기심이 발동해 동공이 커지고 심장이 두근거리고 빠르게 머리 회전이 되기 시작했습니다. 제 모든 감각이 작동하며 오늘부터 하와이의 부동산을 알아봐야겠다는 열망이 솟구쳤습니다. 당시에는 미국 부동산 투자에 대한 도서도 없었고, 주변에 미국에 부동산을 갖고 있는 지인도 없었습니다. 그래서 저는 구글과 유튜브를 통해 모든 정보를 수집했습니다. 몇 주간 퇴근 후, 주말 내내 미국 부동산에 대한 정보를 검색하고 정리했습니다.

저는 하와이 휴가 계획 중 부동산 임장 계획을 추가하고, 현지 공인중개사 3~4명에게 사전에 연락을 취했습니다. 그중 열심히 매물 정보를 보내주는 두 분을 선정해서 지어진 주택 매물과 분양 중인 콘도의 모델하우스를 함께 방문하기로 했습니다. 남편에게는 미국에서 재밌는 일이 있을 거라며 서프라이즈를 기대하라고 선전 포고했는데, 서프라이즈라는 말 그대로 여행 내내 와이키키 바다에 발 한 번 담그지 못하고 부동산 매물과 모델하우스만 실컷 보고 왔습니다.

◦ 하와이 휴가 당시 둘러본 매물과 모델하우스

출처: 저자 제공

1000국 아래 999국, 하와이

갑갑한 서울에서의 쳇바퀴 같은 회사 생활과 하늘을 가득 채운 미세먼지와 황사에 지쳐 있었던 것일까요? 남편과 함께 휴가 겸 부동산 답사를 목적으로 도착한 하와이는 저에게 정말 꿈 같은 곳으로 느껴졌습니다. 저는 곧 하와이와 사랑에 빠지게 되었습니다. 하와이의 맑은 하늘과 깨끗한 공기 그리고 최상의 날씨는 인간이 누리고 싶은 가장 본질적이면서도 중요한 것이 무엇인지 다시 한번 깨닫게 해주었습니다.

제가 늘 생각하는 투자 격언 중 하나는 "투자 부동산과 사랑에 빠지지 말라."는 말입니다. 부동산과 사랑에 빠지면 객관적 지표나 의견에 눈과 귀를 닫을 수 있기 때문입니다. 그런데 하와이의 아름다운 풍경은 이런 저의 투자 철학도 무색하게 만들었습니다.

하와이에 있는 현지 부동산을 통해 여러 집과 분양 중인 모델하우스를 방문하면서 이런저런 이야기를 들었습니다. 하와이는 오래전부터 이미 수많은 글로벌 자산가가 투자한 지역이었습니다. 미국 하와이의 부동산은 하와이 현지인들만의 시장이 아닌 미국 본토인, 일본인, 캐나다인, 중국인, 한국인, 유럽인 등 전 세계인의 수요가 있는 '글로벌 마켓'이었습니다. 실제로 2019년 당시 분양 중인 3곳의 모델하우스를 방문했을 때 가는 곳마다 일본 50~60대 여성이 4~5명씩 그룹 지어 설명을 듣고 있었습니다.

저는 하와이가 전 세계 1위 GDP 국가인 미국 내에서도 아시아와 미국의 정중앙 최고의 입지에 위치하고 있고, 돈 주고 살 수 없는 천혜의 자연을 가진 블루칩 휴양지라는 점이 가장 끌렸습니다. 또한 미국 하와이 부동산의 수요자는 전 세계 자산가라는 점에서 특정 국가의 경기를 상대적으로 덜 타고 세계 금융위기가 오더라도 자산가들의 수요가 있기 때문에 가격이 덜 하락할 것이라고 생각했습니다. 제 예측대로 2009년 미국발 세계 금융위기가 왔을 때에도 꾸준히 자산가들의 수요가 있었습니다. 하와이 부동산의 가격 하락은 적었으며 미국 내 타지역보다 빠르게 가격을 회복했습니다.

부동산 투어를 마치고 하루의 자유시간이 주어졌습니다. 딱히 등산을 즐기는 스타일도 아닌데 이날은 왠지 해수욕을 즐기기보다는 산에 오르고 싶다는 생각이 들었습니다. 남편과 무더운 날씨에 땀을 뻘뻘 흘리며 라니카이 등산로(Lanikai Pillbox)에 올랐습니다. 오르는 길은 가파르고 정돈되지 않아 힘들었지만 정상에 올라 전망대에 걸터앉으니 시원한 바람이 머리카락 사이로 살랑살랑 불어왔습니다.

라니카이 해변 너머로 나란히 솟아오른 모쿠누이(Moku Nui), 모쿠이키(Moku Iki)섬을 바라보며, 신앙심이 그리 깊지 않은 제 머릿속에 '하나님이 천국을 만드셨다면 지금 내 눈앞에 펼쳐진 이런 모습이겠구나.'라는 생각이 들었습니다. 그렇게 등산로 정상에 앉아 아름다운 풍경을 바라보며 저는 스스로에게 다짐했습니다.

'무슨 일이 있어도 미국에 집을 사야겠다고.'

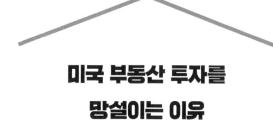

미국 부동산 투자를
망설이는 이유

막연한 두려움 때문에

제가 2019년에 주변 지인에게 미국에 집을 샀다고 하니 사람들의
첫 반응은 비슷했습니다.

"한국인이 미국 부동산을 살 수 있어?"

"영어 엄청 잘해야 미국에 집 사는 거 아니야?"

"미국 부동산 엄청 비싸지 않아?"

"이민 간 사람들이 미국 부동산을 샀다가 사기 많이 당했대!"

"지방에 있는 부동산도 관리하기 힘든데 미국 부동산을 어떻게 관리해?"

대부분의 사람이 해외 부동산 투자를 꺼리는 이유는 다음과 같았습니다.

- 투자 정보가 부족하다.
- 부동산법, 거래 절차, 세금 정보도 익숙하지 않다.
- 해외에 송금해본 적은 없지만 번거로울 것 같다.
- 영어를 유창하게 해야 할 것 같다.
- 신뢰할 수 있는 현지 부동산 중개사를 모른다.
- 현지의 문화나 주택에 대한 선호 성향을 잘 모른다.
- 해외 부동산을 관리하기 번거롭고 귀찮다.

한국의 부동산을 사고파는 것보다 절차나 언어가 익숙하지 않고 구할 수 있는 정보가 부족한 것은 사실입니다. 하지만 이제 해외 부동산 정보도 유튜브, 네이버, 구글, 해외 부동산 매물 사이트 등 손가락만 움직이면 많은 정보를 모바일로 조사하고 모을 수 있습니다. 한국에 있는 부동산을 투자할 때와 마찬가지로 차근차근 조사해보면 한국에서는 찾지 못한 기회를 발견할 수 있을 것입니다.

해외 부동산 투자 시 만나는 장애물들

해외 부동산과 관련된 투자 정보, 부동산거래법, 세금 정보는 사실 조금만 조사하면 찾을 수 있습니다. 영어가 익숙하지 않더라도 이미 많은 한국인이 해외 각국에 있는 도시에 이민을 가서 정착하고 있고 공인중개사, 변호사, 회계사, 세무사로 활동하고 있습니다. 그리고 많은 사람이 블로그, 유튜브, 공식 웹사이트 등에 알찬 정보를 정리해서 무료로 제공하고 있습니다.

해외 부동산을 사기 위해 송금하기 전에는 외국환은행에서 '해외 부동산 취득신고(수리)서'를 작성해야 합니다. 이 때문에 송금 절차부터 많이 복잡합니다. 외국환거래규정 제9-39조 제2항에 따라 한국 거주자가 해외 부동산을 취득하려면 외국환은행에 신고해야 합니다.

하지만 기획재정부는 해외 부동산 취득신고와 보고 절차를 국민 개개인이 처리할 수 없다는 점을 감안해 한국의 시중 은행에 관련된 업무를 위임했습니다. 절차를 공부할 시간이 없고 조사를 해봤지만 혼자서는 모르는 부분이 많을 경우 각자의 주거래 은행에 방문하면 됩니다. 필요한 서류, 작성해야 할 내용, 송금 절차를 친절하게 안내해줄 겁니다. 은행 지점에서도 이런 업무는 자주 발생하는 일이 아니라 직원분이 내부 절차와 관련 서류를 공부하며 도와줍니다. 저는 해외 부동산 취득자금을 송금할 때 저를 위해 고생하는 직원분에게 감사해서 따뜻한 라떼나 시원한 아메리카노 한

잔을 준비할 때가 많았습니다.

미국 부동산을 구매할 때 영어를 잘하면 당연히 좋지만 못해도 상관은 없습니다. 미국의 각 주에서 많은 한인 공인중개사, 대출 담당자, 은행 직원, 회계사, 변호사를 찾을 수 있기 때문입니다. 물론 부동산 매매계약서를 작성해야 하기 때문에 영어로 된 문서를 읽고 해석할 수 있을 정도의 수준은 되어야 합니다. 하지만 이해가 안되는 문장이 있다고 해도 요즘에는 구글 번역기나 네이버 파파고(Papago) 같은 번역 서비스도 잘 발달되어 있습니다. 영어 문서를 이해하고 나의 의사를 전달하는 데 많은 도움을 얻을 수 있을 겁니다.

다음으로 투자할 지역과 매물에 대한 정보, 현지인들의 주택 선호 성향과 문화 그리고 매수한 주택 관리에 대한 고민은 현지에 있는 신뢰할 수 있는 중개인을 만나면 많은 부분 해결됩니다. 제가 부동산 투자를 수차례 하면서 가장 명심하는 건 "정보의 진위만큼이나 정보를 갖고 온 사람이 누구인지도 중요하다."라는 겁니다.

이미 미국 부동산에 투자한 경험이 있는 지인이 있다면 믿을 만한 중개사를 소개받는 게 가장 좋습니다. 그러나 주변에서 미국 부동산에 투자하는 게 내가 처음이라면, 유튜브나 블로그에서 찾아보는 것도 좋습니다. 이미 많은 중개사가 활동하고 있기에 여러 명을 비교해보고 신뢰 가는 분에게 연락하면 됩니다. 그간 게시한 동영상이나 글을 보면 수년간 어떤 경력을 쌓았고, 어떤 사람인지 쉽게 알 수 있을 겁니다.

무엇보다 중요한 건 해당 지역과 부동산의 전문가인지 점검하는 것입니다. 미국은 한국과 달리 땅이 너무나 넓고 50개의 주별로 부동산에 관한 규정이 다 다릅니다. 그렇기 때문에 미국 전역은 물론 주 전체의 전문가는 없습니다. 따라서 주 안에서도 내가 투자하고자 하는 특정 지역의 전문가를 찾아야 합니다. 미국의 중개사는 주택 전문, 상업용 부동산 전문, 부동산 임대 전문 등 전문 분야가 세분화되어 있습니다.

전문성을 갖고 5년 이상 전업으로 중개업을 했으며 신뢰할 만한 중개사를 찾으면 현지인들이 선호하는 지역, 현지인들의 주거 성향과 문화, 그 지역에 주택의 공급과 수요, 비슷한 주택의 최근 매매 시세, 월세 시세, 교통, 인프라, 학군, 호재 등의 정보를 얻을 수 있습니다. 영어가 불편한 경우 신뢰할 수 있는 한국인 교포 중개사를 찾으면 언어의 장벽도 크게 문제되지 않습니다.

미국의 주요 도시(특히 뉴욕이나 하와이)는 해외투자자들이 워낙 많아서 중개사들이 외국에 거주하고 있는 집주인의 부동산을 관리해주는 것에 익숙합니다. 많은 중개사가 집주인을 대신해 부동산을 광고하고 월세가 밀리지 않는 신용 높은 임차인을 구해줍니다. 그리고 임차인이 이사를 가거나 올 때 임차인을 만나 대행해주기도 합니다.

최근에는 미국의 중개법인과 제휴해 한국의 은행이나 증권 회사에서 미국 부동산 투자를 중개해주기도 합니다. 더불어 한국인의 해외 부동산 투자 수요가 증가하자 제가 경영하는 '글로벌프론티어에셋'과 같이 미국 부동산 투자 자문을 하는 컨설팅 업체들도 생겨나기 시작했습니다. 미국 부동산 투자 컨설팅 업체들은 미국의 각 주의 특정 지역별로 다양한 부동산 유형의 전문 중개사와 연계해 한국인이 미국 부동산에 투자하는 전 과정에서 전문적인 자문을 제공합니다.

저는 지금까지 300명이 넘는 한국인들을 일대일 자문하고, 100명 이상의 한국인이 미국에 부동산을 구매하도록 도왔습니다. 하지만 그중 미국에 직접 방문한 사람은 10%가 되지 않습니다. 또한 그중에서 미국 부동산의 임차인을 직접 만난 사람도 5%가 되지 않습니다. 저는 지금도 고객들 대신 지역을 답사하고 매물을 확인하기 위해 미국 전역을 누비고 있습니다.

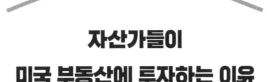

자산가들이
미국 부동산에 투자하는 이유

부동산계의 에르메스, 미국

저는 2014년부터 국내에서 활발하게 부동산에 투자했습니다. 그러다 규제가 본격화된 2017년부터 해외 부동산을 사고 싶다는 생각을 했습니다. 해외 부동산 중에서도 이왕이면 세계 1위 강대국인 미국 부동산을 사고 싶었습니다. 제가 미국 부동산 투자에 관심을 갖기 시작하니 그때부터 우연의 일치인지 한국의 재벌, 기업가, 연예인, 스포츠 선수 등 유명인이 미국 부동산에 투자했다는 소식이 들려왔습니다. 이미 발 빠른 한국의 자산가들은 미국 부동산에

출처: 저자 제공

투자하고 있었던 것이죠.

저는 미국 부동산에 대해 공부하면 할수록 제 사고와 시야가 넓어지는 걸 경험했습니다. 해외 부동산, 그중 미국 부동산으로 제 투자의 지평이 넓어지며 새로운 기회가 보이기 시작했습니다. 그렇다면 왜 한국 자산가들은 일찌감치 미국 부동산에 투자하기 시작했을까요? 미국 부동산의 장점은 무엇일까요?

미국 부동산의 가장 큰 장점은 전 세계에 수요자가 풍부하다는 점입니다. 한국 부동산 시장의 수요자는 대부분 한국인이고 일부 외국인투자자가 있습니다. 하지만 미국 부동산은 미국 자국민뿐만 아니라 캐나다, 일본, 한국, 뉴질랜드, 독일, 영국, 싱가포르, 중국, 대만 등 전 세계 외국인이 투자합니다.

더군다나 제가 미국에 첫 투자를 했던 2019년에는 미국과 중국의 무역 전쟁으로 인해 중국인들이 모두 미국 부동산 시장에서 빠져 있었습니다. 정권은 영원하지 않기에 미국과 중국의 관계가 회복되어 다시 중국인들이 유입된다면 향후 미국 부동산 가격을 견인하는 호재로 작용할 것이라는 생각이 들었습니다.

또한 미국 하와이의 경우 일본계 미국인이 인구의 상당수를 차지하고 있습니다. 그래서 일본인의 부동산 투자 수요가 높습니다. 그런데 코로나19 기간 동안 일본인들의 해외여행이 제한되었고, 원격으로 부동산에 투자하지 않는 일본인들의 성향상 미국 부동산에 투자하기 힘든 상황이었습니다. 그러나 2022년 말부터 해외여행 규제가 완화되었습니다. 이에 따라 하와이 부동산 시장에 훈풍이 불고 있습니다. 이렇듯 미국 부동산은 미국 내국인뿐만 아니라 글로벌 자산가와 기업이 선호하는 전 세계에서 가장 안전한 투자 자산 중 하나입니다.

합법적으로 절세하는 미국 부동산 투자

한국에서 고가의 주택을 가진 1주택자나 다주택자, 법인에게 부과하는 세금은 징벌에 가깝다는 이야기가 많습니다. 그래서 부동산 투자자들은 "합법적인 절세가 최고의 재테크다."라고 말합니다. 만약 국내에 실거주용 1주택이 마련된 상태라면 절세하며 투자할 수 있는 방법 중 하나로 미국 부동산 투자를 생각해야 합니다. 다음은 미국 부동산 투자를 통해 얻을 수 있는 절세 혜택입니다.

- 해외 부동산은 국내에서 주택수에 포함되지 않는다. 따라서 중과세 대상이 아니다.
- 해외 부동산의 양도소득세는 주택수와 관계없이 일반과세로 납부한다.
- 취득세가 없다(단, 뉴욕시의 경우 100만 달러 이상의 고가 주택에 대해 취득세를 부과한다).
- 종합부동산세가 부과되지 않는다.

앞으로 더 자세히 설명하겠지만 미국은 구매자가 부동산을 살 때, 부동산 대금 외에는 최소한의 비용이 들도록 세금 제도가 설계되어 있습니다. 그리고 판매 후 재투자할 때도 세금으로 누수되는 비용이 없도록 매수자에게 우호적인 환경을 만들었습니다. 이런 점 역시 미국 부동산 투자 시 매력적으로 느껴지는 부분입니다.

한국인이 해외에 주택을 보유하고 있더라도 국내에서는 취득세, 종합부동산세, 양도소득세를 부과할 때 주택수에 포함시키지 않습니다. 절세하기 위해 많은 한국의 투자자가 비조정지역에 투자하거나 명의를 빌려 분산하기도 하고 공시지가 1억 원 이하의 낡은 아파트나 빌라를 찾아 지방으로 원정을 떠나기도 합니다.

국내 부동산 가격을 안정시키기 위한 부동산 세금 규제 정책은 핀셋 규제를 했다가 반사이익으로 풍선 효과가 일어나는 곳에 다시 규제를 하기 마련입니다. 저는 어렵게 머리를 쓰고 규제의 사각지대를 찾는 투자 전략보다 합법적 절세가 가능하고 전 세계인이 원하는 미국 부동산에 투자하는 게 안전한 투자라고 생각합니다.

집값의 70%까지 주택담보대출을 해주는 나라

미국 은행은 미국에 거주하지 않는 외국인이 미국 부동산을 구입할 때도 집값의 70%까지 대출해줍니다. 보통 미국인의 경우 집값의 80%까지도 주택담보대출을 해줍니다. 그에 비해 외국인은 담보인정비율(LTV: Loan To Value Ratio)이 낮기는 하지만 한국의 1주택자에게는 여전히 매우 매력적인 투자 조건입니다. 2019년 당시 한국에서 1주택자는 두번째 주택을 매수할 때부터 투기지역, 투기과열지구에서 주택을 구입하면 대출이 불가능했습니다.

게다가 2019년 12월 16일 발표된 부동산 대책에 따라 무주택자도 시가 15억 원 초과 주택을 구입할 때는 대출이 전면 금지되었습니다. 시가 9억 원을 기준으로 9억 원 이하는 40%, 9억 원 초과는 20%까지만 대출이 가능하도록 규제가 시행되었습니다. 2022년 새 정권이 들어서고 부동산 시장 안정화를 위해 각종 정책과 더불어 대출 규제를 완화하고 있습니다. 하지만 외국인에게 이렇다 할 규제 자체가 없는 미국과 한국의 부동산 투자 환경의 온도 차는 여전히 존재합니다. 저는 미국 시민권자도 아니고, 실거주자도 아닙니다. 그저 외국인일 뿐입니다. 그런데 집값의 70%까지 대출을 해준다고 하니 매력적일 수밖에 없었습니다.

미국 달러로 된 자산을 확보할 수 있다

2019년은 미·중 무역 갈등으로 인해 전 세계적으로 달러가 강세를 보인 한 해였습니다. 저는 미국 주식이나 달러에 투자하지 않은 것에 대해 아쉬움을 갖고 있었습니다. 미국 부동산에 투자할 당시 저의 자산 포트폴리오는 한국 자산이 전부였습니다. 한국 부동산, 주식, 펀드, 예금이 전부였죠. 만약 제가 미국 부동산을 갖고 있었다면 많은 달러 소득을 얻을 수 있었을 겁니다.

미국에서 주택담보대출을 받아 미국 부동산을 보유하게 되면 매달 달러로 된 월세 소득이 발생합니다. 또한 대출이 70%까지 되니 집값의 30%만 갖고도 미국 부동산을 살 수 있습니다. 미국, 특히 하와이의 부동산은 역사적으로 급락이 거의 없는 안정적인 부동산 시장으로 알려져 있습니다. 따라서 집값은 장기적으로 우상향할 가능성이 높습니다.

아래의 글은 제가 과거에 블로그에 작성했던 글입니다. 2022년 10월 기준 1달러당 1,500원까지 오르지는 못했지만, 저는 미국 내 집값 상승과 함께 달러 재테크를 통해 수익을 기대할 수 있게 되었습니다.

1달러에 1천 원일 때 A, B씨가 각각 미국과 한국에 부동산을 샀다. A씨는 10만 달러 미국 부동산을, B씨는 1억 원 한국 부동산을 샀다고 가정하자. 향후에 부동산 가격이 올라서 두 집 모두 2배가 됐다고 치자. 각각 20만 달러, 2억 원이 되었다. 하지만 다소 극단적이지만 1달러에 1,500원 됐다고 치자. 20만 달러에 집을 매도한 뒤 달러 가치가 높은 시점에 원화로 바꾸면, A씨의 매도대금은 2억 원이 아니라 3억 원이 된다. 즉 100%의 수익률이 아니라 200%의 수익률로, 한국에 집을 산 사람보다 2배의 수익률을 얻게 된다.

전 세계 자산가가
하와이에 투자하는 이유

전 세계에서 찾는 천혜의 자연환경

미국 본토, 일본, 캐나다, 중국, 한국, 독일 등 전 세계 자산가는 오래전부터 미국 하와이에 투자를 해왔습니다. 누구나 하와이를 생각했을 때 아름다운 에메랄드빛 바다, 청명하고 끝없이 높은 하늘, 365일 화창한 날씨, 미세먼지 없는 맑은 공기 그리고 태초의 모습으로 보존된 천혜의 자연환경을 떠올립니다.

하와이는 한국인뿐만 아니라 전 세계 많은 사람이 은퇴 후 살고 싶어 하는 도시입니다. 전 세계 자산가가 하와이를 좋아하는 이유는 단연코 이런 아름다운 자연과 날씨가 인간에게 주는 행복감 때문일 것입니다. 이번에는 누구나 당연하게 생각할 수 있는 자연환경적 요인 외에 해외 부동산 투자자들에게 미국 하와이가 매력적인 이유를 정리해보겠습니다.

북미와 동아시아 국가들과 연결된 입지

부동산 가격을 결정 짓는 요인은 여러 가지가 있습니다. 수요와 공급이 기본인데, 이 중에서도 수요를 결정하는 요인에는 입지, 자연환경, 인프라, 교통, 편의시설, 학군, 금리, 구매력 등 무수히 많은 요인이 있습니다. 그런데 단연코 가장 중요한 요인은 '입지'입니다.

하와이는 미국, 캐나다, 일본, 한국, 중국, 대만, 홍콩, 필리핀 등 북미와 동아시아 어느 국가에서도 비행기로 6~10시간이면 도착할 수 있는 곳에 위치하고 있습니다. 이런 입지 때문에 하와이는 현지인과 미국 본토 사람들뿐만 아니라 일본, 캐나다, 한국, 중국, 홍콩, 대만, 싱가포르, 독일, 호주 사람들까지도 수십 년간 꾸준히 투자해온 글로벌 부동산 시장의 강자 자리를 지켜왔습니다. 한국 부동산계의 에르메스가 강남이라면, 세계 부동산의 에르메스는 하와이라고 생각합니다.

○ 여러 나라와 연결된 좋은 입지

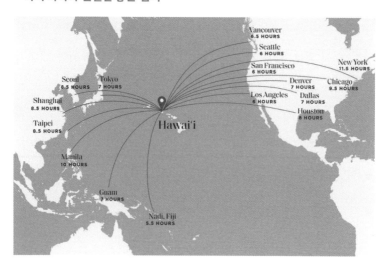

출처: theparkwardvillage.com

주정부의 규제로 인한 제한된 공급

하와이 토지의 95%는 개발제한구역입니다. 주정부는 난개발을 막고자 제한적으로 주택 공급을 하고 있습니다. 주정부의 타이트한 규제로 인해서 주택 가격은 계속 상승해왔고, 주거 시설의 노후화, 주택 부족의 문제가 지속적으로 대두되었습니다. 주정부 입장에서도 도로 등 교통 인프라가 충원되지 않는데 주택이 공급되면 교통 체증이 더 악화될 수밖에 없어 공급을 제한하고 있었습니다.

하지만 하와이 경전철의 공급 그리고 호놀룰루 국제공항의 증설 등으로 인프라가 확충되면서 주정부가 1년에 2개 정도의 콘도 공급을 허가해주고 있습니다. 이렇게 호놀룰루에 1년에 기껏해야 1천~2천 세대의 콘도가 공급되고 있어 여전히 주택 공급이 부족합니다. 코로나19로 인해 건설 자재, 인건비 상승으로 건설 원가가 올라 계획되어 있는 주택 공급도 지연되고 있는 상황입니다. 따라서 하와이의 공급 부족은 앞으로도 몇 년간 지속될 것으로 보입니다.

미국에서 가장 저렴한 재산세

하와이는 미국의 50개 주 중에서 재산세가 가장 저렴한 주에 속합니다. 그 이유는 오랫동안 미국 본토인들의 별장, 즉 세컨드 하우스(Second house) 투자처였기 때문입니다. 많은 한국인 투자자가 미국에 부동산을 투자할 때 고민하는 지역인 뉴욕과 캘리포니아의 재산세는 각각 1.65%, 0.81%입니다. 이에 비해 하와이는 미국에서 재산세 순위 50위로 0.28%의 유효 재산세율을 기록하고 있습니다. 상대적으로 보유 시 부담이 덜할 수밖에 없습니다.

임대 수요가 높고 관리가 편하다

미국에 거주할 수 없는 투자자에게 가장 두려운 것은 '공실'입니다.

∘ 하와이 워드빌리지(Ward Village) 코울라(Koula) 콘도 공사현장

하지만 하와이는 매년 5만 명의 군인이 배치되는 주입니다. 그뿐 아니라 코로나19 이후 재택근무, 원격근무 문화가 정착되며 많은 미국인이 하와이에 거주하고 있습니다. 하와이의 자연환경을 즐기기 위해 몇 달 혹은 1년을 사는 게 유행이 되고 있죠.

특히 미국과 캐나다는 추운 겨울 날씨나 자연재해, 환경오염으로 많은 어려움을 겪습니다. 그래서 하와이의 맑고 쾌적한 날씨, 아름다운 경관을 보기 위해 찾아오는 것이죠. 하와이의 공기는 기가 막히게 깨끗해서 인구가 밀집된 알라모아나 지역에서는 우기인 겨울이면 2~3일에 한 번씩 무지개를 만날 수 있습니다. 하와이는 우기인 11월부터 4월까지 기온이 23도에서 27도로, 비가 내리는

것도 잠시 금새 맑아지며 건조하고 습하지 않아 쾌적한 날씨를 즐길 수 있습니다.

세계 각국에서 하와이로 한 달 살기, 일 년 살기를 오고 은퇴 인구가 유입되는 건 아름다운 자연환경 때문만은 아닙니다. 아시아계 인구 비중이 높아서 아시아인에 대한 차별이 적고, 미국의 타도시보다 사람들이 친절합니다. 하루는 제가 해변을 혼자 거닐 때 노신사 한 분이 "알로아(Aloha)~"라며 인사한 적이 있습니다. 저는 모르는 사람이었기에 속으로 너무 놀랐습니다. 하지만 하와이 로컬 문화에 익숙해지며 이런 걱정은 사라졌습니다. 하와이에 거주하는 사람들은 여유가 있으며 늘 타인에게 친근합니다.

또한 하와이에는 오랜 기간 미국 본토인과 일본인들이 투자해 놓은 별장이 많습니다. 하와이의 특성상 관광업, 서비스업이 발달했고 별장이 많은 주이다 보니 장·단기임대주택의 관리대행 서비스가 발달했습니다. 임대차 관리대행업, 청소대행업, 가구나 가전을 세팅해주는 서비스까지 다양한 중개회사와 관리회사를 내 입맛에 맞게 이용할 수 있습니다.

미국 부동산 투자로
1억 원을 목돈으로 만들다

A씨는 30대 후반으로, 내가 진행하던 강의의 수강생이었다. A씨는 강의가 끝난 후 별도로 일대일 상담을 신청했다. 본인은 이혼한 싱글맘이고 5살 된 딸 하나를 혼자 키우고 있다고 했다. 딸과 단둘이 살고 집 1채가 있으며 주 수입원은 영어강사로 버는 소득, 주식 투자로 받는 배당 소득, 전 남편이 보내주는 양육비였다. 딸이 돌이 되었을 때 남편과 이혼했기 때문에 현금 흐름을 안정적으로 버는 데 집중해왔다고 한다. 그러다 보니 30대 후반이 되었는데 자산이 크게 불어나지 않고 거의 그대로였다.

반면 주변을 둘러보니 지인들은 부동산 투자로 투자금 대비 적게는 2배 혹은 그 이상의 수익을 얻는 경우가 많았다고 한다. 그래서 상대적으로 본인만 벼락거지가 된 것 같은 기분이라고 했다. 본인의 고민을 이야기하던 A씨는 담담하고 차분했지만, 한편으로 절실하고 결연해 보이기까지 했다. 일대일 상담을 할 당시 내 딸도 막 돌이 되었을 때였다. 그래서 다른 사람보다 더 감정이입이 많이 되었던 것 같다.

A씨가 동원할 수 있는 투자금은 1억 원이었다. A씨는 나를 찾아오기 전에 나름 국내에서 1억 원으로 투자할 수 있는 부동산을 찾아봤다고 한다. 그러나 이미 1주택자라서 전세를 끼고 투자하려고 해도 취득세와 중과세가 큰 부담이었다. 세금을 피하려고 해도 잘 모르는 지역에 손이 많이 가는 오래된 아파트에 투자하는 것은 내키지 않았다고 했다.

그러던 중 직업이 영어강사이고 싱글맘이라 언젠가는 딸을 데리고 미국으로 이민을 갈 수 있겠다는 생각이 들었다고 한다. 그렇게 미국 부동산에 대해 공부를 하다가 나를 알게 되었다고 한다. 나는 A씨에게 신축 콘도 분양권 중에서도 가장 저렴한 맨 아래층의 전용면적 33㎡(10평)의 원룸(Studio) 매물을 구해줬다. 이 콘도 분양권 매물은 대기자가 많았기 때문에, 내가 직접 공을 많이 들였다.

나에게 A씨의 1억 원은 다른 사람의 1억보다 더 크게 다가왔다. 싱글맘이라 동정하는 게 아니었다. A씨가 가진 주식은 배당이 잘 나오는 안정적인 주식들이었다. 그래서 자금 마련을 위해 일부 매도해야 하는 기회비용이 다른 사람보다 더 크게 느껴졌다.

내가 이 콘도의 원룸 매물을 추천한 이유는 A씨에게 딱 맞는 금액이기도 했고, 주변 매물과 비교했을 때 마진도 충분했고 희소성이 있었기 때문이었다. 또한 입주 이후 시세차익도 기대할 수 있다고 판단했다. A씨에겐 생활비로 사용할 현금 흐름뿐만 아니라 자기자본투자금 이상으로 목돈을 불리는 것도 필요했다. 그래서 신축 콘도 분양권이 적합했다. 이 매물을 사는 데 필요한 투자금은 1억 원이었다. 매물 가격은 전용면적 기준으로 평단가 5천만 원 정도로, 전체 분양가가 5억 원이 안 되었다.

미국 콘도 분양권의 투자금은 분양가의 20%다. 중도금이 없고 입주 직전에 주택담보대출을 받아 잔금을 치르면 된다. 그래서 남은 3년 동안 대출금을 제외한 잔금을 모을 수 있는 시간적 여유도 있었다. 해당 콘도의 매물이 희소성이 있다고 생각한 건 다른 콘도 대비 많은 세대수였다. 그래서 부대시설의 규모가 넓었고 관리비가 정말 저렴했다. 게다가 원룸이지만 집마다 지정 주차장이 1개 딸려 있었고, 6.6㎡(2평)가 넘는 발코니가 있었다. 그리고 최고급 콘도가 아닌데도 강마루로 마감되었고, 원룸인데도 세대마다 세탁기, 건조기실이 별도로 있었다. 이런 장점이 있는데도 주변 신축 콘도 시세보다 분양가가 낮게 책정되었다. 나중에 완공 후 시세차익을 기대할 수도 있었다.

또한 안정적인 월세 수익형 부동산으로 적합해 보였다. 인근에 5년간 신축 완공된 콘도들의 절반 이상이 건설 원가가 높아 마진이 낮은 원룸은 공급하지 않아 공급이 부족한 상태였다. 나는 A씨에게 가장 저층의 매물을 추천했는데, 그 이유는 수익률을 높이기 위해서였다. 저층의 분양가는 보통 아주 저렴하다. 반면 월세로 거주하는 임차인들은 매수자보다 상대적으로 층을 덜 따진다. 따라서 고층과 저층의 월세는 큰 차이 없이 형성된다. 게다가 내가 A씨에게 추천한 집의 설계 도면을 잘 살펴보면 슬라이딩 도어나 가벽을 치면 침실 공간을 분리할 수 있는 구조가 나왔다. 이런 경우 월세를 더 높게 받거나 적어도 월세가 가장 빨리 나갈 수 있기 때문에 수익률을 더 높일 수 있다.

A씨는 2022년 4월에 투자 결정을 하며 보유한 주식 일부를 매도하고 1차 계약금 5%를 보내면서 나머지 15% 계약금도 달러로 환전했다. 이후 전 세계 중앙은행의 금리 인상이 단행되며 주식은 하락하고 원·달러 환율은 급격히 상승했다. A씨는 나에게 몇 차례나 내 덕분에 집을 사자마자 환차익만으로도 돈을 벌었다고 고마워했다. 더욱이 이후 주식도 급락했기에 내 덕분에 자산을 지킬 수 있었다고 고마워했다.

투자 포인트

☐ 투자금 1억 원으로도 미국 부동산에 투자할 수 있다.
☐ 미국 부동산에 투자하면 절세 기회가 있다.
☐ 미국 부동산은 안정적인 월세, 시세차익을 기대할 수 있다.

당신도
미국 부동산을
알았으면 좋겠습니다

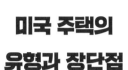

미국 주택의
유형과 장단점

미국에 집을 사기 전에 가장 먼저 해야 할 것은 어떤 유형의 집을 살 것인지 결정하는 것입니다. 미국 주택의 종류는 대표적으로 아래의 5가지를 꼽을 수 있습니다.

- 싱글하우스(Single House) : 단독주택
- 콘도미니엄 (Condominium) : 주상복합아파트와 유사
- 타운하우스 (Town House) : 다세대와 유사
- 멀티유닛 (Multi Unit) : 다가구와 유사
- 코압(Co-op: Cooperatives) : 콘도의 지분을 소유하는 개념

토지와 건물의 소유권을 가지는 싱글하우스

먼저 싱글하우스를 알아보겠습니다. 싱글하우스는 우리나라의 주택 유형으로 따지면 단독주택이라고 할 수 있습니다. 일반적으로 한 채가 독립적으로 지어진 주택을 말합니다. 주택의 옆면이나 바닥이나 천장이 다른 주택과 맞닿아 있지 않습니다. 그래서 해당 토지와 건물에 대한 소유권을 온전히 내가 가질 수 있는 형태의 주택입니다.

미국인들은 일반적으로 이런 단독주택을 가장 선호합니다. 다양성과 개성을 존중하는 문화이다 보니 그런 것인데요. 많은 미국인이 한국처럼 새장같이 똑같은 모양의 규격화된 아파트 문화를 보고 깜짝 놀라는 것도 이런 문화적 차이 때문입니다. 싱글하우스의 가장 큰 장점은 주택이 들어선 땅과 건물 모두를 소유할 수 있다는 점입니다.

미국인은 나만의 개성이 담긴 집을 짓거나 인테리어해서 세상 어디에도 없는 우리 가족만의 취향과 센스가 담긴 집을 소유하는 것을 선호합니다. 그리고 내가 사는 주택의 땅을 내가 온전히 소유하길 원합니다. 또한 정원이나 풀장, 차고와 창고 같은 부대시설도 구입하면 딸려오기 때문에 가장 선호합니다.

싱글하우스는 당연히 토지, 대지 지분의 비율로 따지면 주택의 유형 중 가장 높은 비율로 소유할 수 있습니다. 내가 소유하는 대지 지분의 비율이 가장 높다 보니 미국에서 집값이 상승할 때 보통 집값이 가장 먼저 오르고 상승률 또한 가장 높습니다. 그리고 다른 집과 맞닿아 있지 않기 때문에 사생활 보호가 되고 아파트 생활에서 가장 단점인 층간 소음에서도 자유롭습니다. 미국인들은 독창성과 개성만큼이나 사생활 보호를 중시하기 때문에 가능하다면 싱글하우스에서 살고 싶어 합니다.

하지만 싱글하우스에도 단점은 있습니다. 먼저 주택의 유형 중 가장 비싸다는 것입니다. 그래서 단독주택을 구매하기 위해서는 다른 유형의 주택보다 많은 자본이 필요합니다. 대도시의 인기 지역에 신혼부부가 첫 주택을 단독주택으로 산다면 투자금과 대출이자의 부담이 클 것입니다. 그래서 쉽게 접근하기 어렵습니다.

다음으로 관리하기가 어렵다는 것입니다. 이건 단독주택의 가장 큰 단점 중 하나라고 할 수 있습니다. 미국의 단독주택은 주로 목조주택이기 때문에 흰개미 등 벌레의 피해를 자주 입게 됩니다. 게다가 미국은 인건비가 비싸고 한국처럼 수리 기사를 쉽고 빠르게 구하기도 어렵습니다. 따라서 미국인들은 웬만한 하자 보수는 직접 수리합니다.

실거주 목적이 아니라 임대를 놓을 목적이라면 이 점을 유의해야 합니다. 단독주택을 구입해서 임대를 놓으면 집이 많이 상하게 됩니다. 그리고 한국의 아파트에 있는 관리실이나 미국 콘도에 있는 주택소유자협회가 없기 때문에 수리나 보수 등 신경 쓸 일이 매우 많습니다.

한국의 아파트와 유사한 콘도미니엄

콘도미니엄은 줄여서 '콘도'라고 많이 부릅니다. 우리나라로 따지면 주상복합아파트 내지 주거용 오피스텔이라고 생각하면 비슷합니다. 미국에서 아파트(Apartment)는 미국 정부나 공공기관이 공급하는 임대주택을 일컫는 경우가 많습니다. 그래서 한국인들이 가장 선호하는 대표적인 주거 형태인 아파트와 유사한 주택에 투자하고자 한다면 미국에서는 콘도를 구입해야 합니다.

콘도는 땅값이 비싼 대도시 지역 중 일자리, 쇼핑센터, 상업건물이 많은 지역에 주로 공급됩니다. 미국의 콘도는 적게는 수십 세대에서 많게는 1천 세대 정도로 지어집니다. 1천 세대라고 하면 웬만한 대도시에서도 30~40층 이상 고층의 대규모 프로젝트로 공급됩니다.

콘도의 가장 큰 장점은 관리하기가 편하다는 것입니다. 미국의 콘도는 주택소유자협회(HOA: Homeowner's Association)에 가입되는데, 협회에서 콘도에 사는 거주자와 소유자를 위한 입주민 운영 규칙(House Rules)을 만들고 지역의 관리업체를 지정해서 콘도 소유자들이 함께 비용을 나눠 납부하고 콘도의 공용부를 관리합니다.

따라서 소유자는 매달 일정 금액의 관리비를 납부해야 합니다. 이 관리비를 모아서 건물 운영과 유지에 필요한 인력을 채용하고, 설비에 투자하고, 공용 공간에서 발생하는 유지비를 납부하고, 소모품을 구입합니다. 콘도는 이렇게 소유자들이 가입한 주택소유

◦ 콘도의 다양한 어메니티

출처: theparkonkeeaumoku.com

자협회에서 정한 규칙대로 관리되기 때문에 단독주택보다는 훨씬 관리가 쉽습니다.

콘도를 소유하는 두번째 장점은 어메니티(Amenity)가 있다는 것입니다. 어메니티는 입주민들의 공용 부대시설, 커뮤니티 공간을 일컫습니다. 최근 지어지고 있는 미국의 콘도들은 공유 공간을 매우 잘 만들었습니다. 야외 수영장, 핫스파, 사우나, 피트니스 센터는 기본이고 영화관, 노래방, 바비큐장, 주방이 딸린 이벤트룸, 카바나, 파티룸, 클럽하우스 그리고 게스트룸, 애완동물의 산책 공원, 놀이터, 최근에는 재택근무 활성화 문화에 맞춰 공유 오피스까지 입주민들이 함께 이용할 수 있는 공유 공간에 많이 투자하는 추세입니다.

콘도의 가장 큰 단점은 적어도 5층 이상의 고층, 중층 빌딩이기 때문에 해당 대지 전체를 내가 모두 소유할 수 없다는 것입니다. 콘도가 위치한 대지의 토지를 여러 소유권자가 지분을 나눠 소유하는 형태가 됩니다.

또한 앞서 말한 주택소유자협회의 관리비가 매달 발생합니다. 관리하기 편하지만 인력을 채용하고 청소, 수리, 보수를 하기 위해서는 비용이 발생합니다. 주택을 구입할 때 미국인들은 80~90%까지 주택담보대출을 받고 외국인도 70%까지는 대출을 받을 수 있습니다. 매달 나가는 이자와 원금에 이런 관리비까지 더해지면 무시 못할 금액이 됩니다. 보통 이런 관리비는 최근 신축되는 콘도일수록 에너지 효율적으로 설계하고 시공되기 때문에 저렴한 편입니다. 또한 콘도의 연식이 오래될수록 점점 보수할 부분이 생기므로 관리비는 시간이 지날수록 높아집니다.

마지막 단점은 단독주택에 비해 사생활 보호가 안 된다는 점입니다. 아무래도 양옆과 위아래로 다른 집이 붙어있기 때문에 소음 문제가 발생할 수 있습니다. 따라서 매수하기 전에 반드시 임차인이나 입주민들을 만나 인터뷰해보는 것이 필요합니다.

싱글하우스와 콘도미니엄을 섞은 타운하우스

타운하우스는 우리나라로 치면 다세대주택 정도의 개념입니다.

한국의 빌라나 연립주택과 비슷합니다. 미국의 싱글하우스와 콘도의 장단점을 섞은 형태의 주택입니다. 콘도처럼 초고층은 아니나 4~5층의 건물이고, 각각 독립된 주택입니다. 싱글하우스와 다른 건 타운하우스가 속한 단지는 동일한 구역으로 묶여 같은 브랜드명을 가진다는 점입니다. 그리고 주택소유자협회에 소속되어 공동으로 단지를 관리합니다. 따라서 타운하우스는 싱글하우스보다 관리가 쉽습니다. 다만 콘도와 마찬가지로 관리비가 매달 발생하게 됩니다.

그리고 싱글하우스만큼 집집마다 고유한 개성과 특색이 있지 않습니다. 이런 형태의 주택은 보통 미국 대도시 교외에 주택난을 해소하기 위해 공급되는 경우가 많습니다. 한편 타운하우스는 콘도보다 더 많은 대지 지분을 소유할 수 있습니다. 그리고 콘도보다 차고, 창고, 정원 같은 부지가 더 넓은 편입니다. 또한 각 세대별 공간과 프라이버시를 더 많이 보장받을 수 있습니다.

하지만 타운하우스는 투자 수익률이 낮을 가능성이 높다는 결정적인 단점이 있습니다. 싱글하우스와 콘도의 장단점을 모으다 보니 이도 저도 아닌 애매한 포지션의 주택이 되는 경우가 많습니다. 싱글하우스 대비 대지 지분도 적고, 프라이버시 보호도 덜 되고, 자율성도 낮기 때문에 집값이 덜 오릅니다. 그리고 콘도와 달리 도시 외곽에 공급되다 보니 대도심의 편리하고 좋은 입지에 위치한 콘도보다도 덜 선호됩니다. 이로 인해 가격도 잘 오르지 않습니다.

미국의 수익형 부동산, 멀티유닛

멀티유닛은 한국의 주택과 비교하자면 다가구주택이 되겠습니다. 한마디로 말하면 미국의 '수익형 부동산'입니다. 멀티유닛은 보통 2~4가구로 구성되어 있고 4가구까지 주거용 부동산으로 봅니다. 겉은 단독주택이나 연립주택처럼 보이는데 실제 소유주는 1명입니다. 하지만 여러 가구가 살기 때문에 각 가구로 들어가는 문은 분리되어 있습니다. 각 가구별로 전기세, 수도세, 난방비 등을 각각 측정해서 과금할 수 있도록 분리되어 있습니다.

이런 멀티유닛의 탄생 역사는 우리나라의 다가구와 비슷합니다. 집주인은 본인이 소유한 토지 위에 거주하며 나머지 가구는 임대를 주기를 원합니다. 그래서 여러 층이나 각 층을 2~3가구로 쪼개 임대를 주면서 생겨났습니다. 멀티유닛은 싱글하우스의 변형 형태라고 할 수 있습니다. 차이점은 가구마다 독립적인 출입문, 주방, 욕실이 존재한다는 점입니다.

멀티유닛의 가장 큰 장점은 실거주를 해결하는 동시에 임대소득을 발생시킬 수 있다는 점과 단독주택보다 임대 수익률이 좋다는 점입니다. 단독주택 1세대를 지을 부지에 여러 개의 가구로 쪼개 임대를 놓으니 수익성이 좋을 수밖에 없습니다. 소유자도 거주할 수 있습니다. 하지만 단점도 있습니다. 싱글하우스보다 많은 임차인이 거주하기 때문에 관리할 게 많다는 것입니다. 다가구 상가주택을 매수해 수십 명의 임차인에게 임대를 주면 그만큼 집도 많이 상합니다. 게다가 좁은 부지에 여러 세대가 함께 거주하니 콘도와 마찬가지로 층간소음이 있거나 개인의 사생활이 보호받지 못할 수 있습니다.

뉴욕의 부촌에서 볼 수 있는 코압

이외에 코압(Co-op: Cooperatives)이라 불리는 주택협동조합도 있습니다. 코압은 뉴욕 맨해튼에 가면 자주 만날 수 있습니다. 뉴욕의 부촌인 어퍼이스트(Upper East)나 어퍼웨스트(Upper West)에서 이런 유형의 주택을 볼 수 있습니다.

하지만 외국인투자자에게 코압을 추천하지 않습니다. 왜냐하면 코압은 해당 주택과 토지의 소유권을 내가 온전히 갖는 형태가 아니기 때문입니다. 코압은 부동산 자산을 취득하는 개념이 아니고, 해당 부동산을 소유한 회사의 주주가 되는 것입니다. 그렇다 보니 소유권, 점유권, 처분권, 상속권 등을 행사하는 데 있어 다른 주주의 동의를 얻어야 합니다. 많은 제약이 따를 수밖에 없죠.

또한 아주 고급 부동산의 코압은 투자를 하고 싶어도 아무나 받아주지 않습니다. 코압의 나머지 지분 소유자들이 직업, 집안, 신분, 재력 등을 고려해 투표하고 만장일치가 나와야 입주할 수 있습니다. 이런 까다로움 때문에 내가 매도하고 싶어도 매도할 수 없는 경우가 생길 수 있습니다.

개인으로 살까?
법인으로 살까?

LLC를 설립해 투자할 시 얻는 장점

미국에서 부동산을 본격적으로 구입하려고 하면 먼저 누구의 이름으로 구매해야 할지 고민됩니다. 개인명의로 할지, 법인 명의로 해야 할지 말이죠. 미국 부동산 투자에 대해 조금이라도 공부를 해본 사람이라면 LLC에 대해 들어봤을 텐데요. LLC는 'Limited Liability Company'의 약자입니다. 한국어로 번역하면 유한책임회사입니다. 개인이나 주식회사가 갖는 법적 위험과 책임보다는 제한적인 유한책임을 진다는 장점을 가집니다. 그리고 이중과세를 피할 수 있다는 장점도 있어 많이 선택하는 파트너십의 형태입니다. 그래서 아래와 같은 경우에는 개인보다는 미국에 LLC를 설립해 부동산에 투자하는 것이 더 유리할 수 있습니다.

- 부동산 소유에 따른 법적 책임으로부터 다른 자산을 보호하고 싶다.
- 투자하려는 부동산이 상업용 빌딩이거나 멀티유닛과 같이 많은 임차인과 고객이 이용할 가능성이 있다.
- 미국에서 부동산과 관련한 사업을 운영하며 적극적으로 각종 비용을 공제받고 싶다.
- 해외 부동산을 구매할 때 내 실명을 공개하고 싶지 않다.
- 외국인 신분으로 근로자식별번호(EIN: Employment Identification Number)를 받아 미국 내 신용을 쌓고 싶다.

제가 생각하는 LLC의 가장 큰 장점은 부동산을 소유하며 발생하는 법적 책임으로부터 내 개인 자산이 보호받는다는 점입니다. 미국은 소송이 빈번한 국가입니다. 예를 들어 내가 보유한 상업용 부동산에 방문한 손님이 복도에서 미끄러져 관리 부실 등의 이유로 부동산 소유자에게 소송을 걸었다고 생각해봅시다. 이때 그 책임은 LLC까지만 영향을 미치고 개인 재산까지 전가되지 않습니다. 따라서 투자 금액이나 부동산의 규모가 크거나, 다양한 임차인이 방문할 수 있는 형태이거나, 부동산이 너무 낡은 경우 LLC가 안전할 수 있습니다.

그리고 두 번째 장점은 LLC의 멤버가 개인인 경우 세금을 개인으로 납부해도 되고, 법인으로 납부해도 된다는 점입니다. 한국의 부동산 법인은 법인세를 납부하고 배당을 하게 되면 개인이 또 다시 배당소득세를 내야 합니다. 그래서 이중과세의 문제가 발생합니다. 하지만 미국의 LLC는 회사의 형태이지만 주주가 개인인 경우 개인 기준으로 선택해서 소득세를 납부할 수 있습니다. 따라서 이중과세의 문제가 발생하지 않습니다.

정리하면 LLC는 개인과 법인의 장점을 모두 가진 형태의 회사입니다. 미국의 국세청(IRS)에 세금 신고를 할 때 LLC는 개인, 파트너십, 코퍼레이션 중 어떤 주체로 세금을 신고할지 선택할 수 있습니다. 더불어 개인명의로 부동산을 구입할 때보다 다양한 비용을 공제받을 수 있습니다. 투자 부동산에서 발생하는 대출이자, 관리비, 관리대행 수수료, 보험료, 재산세, 감가상각비 등의 직접적인 비용은 개인이든 LLC이든 비용 처리가 가능합니다. LLC는 미국 내에서 부동산 관련 사업을 위해 회사를 설립하는 것입니다. 그렇기에 해당 사업을 위해 발생하는 임대료, 왕복 항공료, 숙박비, 식비, 각종 수수료, 소모품비 등 일부를 비용으로 인정받아 공제할 수 있습니다.

그리고 미국 부동산을 구입할 때 개인적인 이유로 실명을 공개하고 싶지 않은 경우가 생길 수 있습니다. 미국에 LLC를 설립하게 되면 해외에 소재한 회사에 지분 투자를 하는 방식으로 국내에 신고가 됩니다. 미국에 부동산을 구입하더라도 내 실명으로 구매하는 것이 아니라 내가 지분을 갖고 있는 회사가 미국 내 사업을 위해 부동산 자산을 구입하는 것입니다. 따라서 개인의 프라이버시를 중요시하는 투자자라면 LLC를 설립해서 미국에 부동산을 구입하면 됩니다.

마지막 장점은 미국 내에서 신용을 쌓을 수 있다는 점입니다. 외국인의 신분으로 미국 부동산에 투자하고 임대소득이 발생하더라도 사회보장번호(SSN: Social Security Number)와 같은 우리나라의 주민등록번호는 부여되지 않습니다. 대신 LLC를 설립하면 사회보장번호까지는 아니더라도 '근로자식별번호'가 발급되기 때문에 개인의 미국 내 신용점수를 쌓는 데 도움이 됩니다. 결정적인 요인은 아니더라도 향후 대출이나 비자를 발급받을 때 조금이라도 도움이 될 수 있습니다.

LLC는 부동산 임대 사업자에게 적합하다

그렇다면 LLC를 미국에 설립해서 부동산에 투자할 때 단점은 무엇일까요? 간단히 정리하면 다음과 같습니다.

- 번거로운 설립, 등록, 신고 절차
- 매년 내는 사무실 임대료, 관리수수료, 현지 회계사 수수료 등 관리 비용

- 일반적으로 대출 조건이 개인보다 불리하고 제출해야 하는 서류가 많음
- 향후 실거주 시 재산세 세액공제 등 세제 혜택이 줄어들 수 있음

LLC는 많은 장점도 있지만, 단점도 있습니다. 미국에 회사를 세우는 것이므로 설립, 등록, 신고 절차가 개인보다 번거롭습니다. 당연히 회계사, 세무사, 현지 대행사의 도움이 필요하기 때문에 그만큼 전문가 수수료가 발생합니다. 또한 외국인이 주주인 LLC는 주택담보대출을 받을 때 대출 상품을 아예 취급하지 않는 은행이 많고, 대출 조건도 개인과 비슷하거나 더 불리한 편입니다. 대출을 받기 위해 제출해야 하는 서류도 많고, 받은 후에도 사후관리 목적으로 법인의 회계자료를 지속적으로 대출은행에 제출할 수도 있습니다.

그리고 LLC로는 투자용 부동산만 구입할 수 있기에 실거주 시 얻을 수 있는 재산세 세액공제 혜택은 받기 어렵습니다. 또한 일 년에 한두 번이라도 가족이나 지인이 별장으로 이용한다면 원칙적으로 법인이 보유한 부동산이기에 임대료를 지불하고 숙박해야 합니다. 따라서 만약 부동산 임대 사업이나 다른 사업을 본격적으로 할 계획이 아니라면, LLC로 부동산을 사는 게 이득보다 손실이 더 많을 수 있습니다. LLC는 1~2개 주택이나 콘도를 구매하실 분들보다 적극적인 임대사업을 하실 분들에게 추천합니다.

피심플(Fee Simple)과 리스홀드(Leasehold)

소유권의 형태에 따라 다른 가격

저는 미국 부동산 투자 컨설팅을 합니다. 그래서 많은 고객으로부터 문의를 받습니다. 한 번은 컨설팅을 제공해드린 고객에게서 인상적인 요구사항이 있었습니다. 그 고객은 한국에서 공시지가 1억 원 이하의 오래된 아파트나 빌라, 일명 '썩아(썩은 아파트)' '썩빌(썩은 빌라)'에 소액으로 투자해 수익을 올리는 분이었습니다. 이 고객은 미국에서도 동일하게 최소한의 투자금으로 콘도 투자를 하고 싶다며 미국의 '썩아' '썩빌'을 찾아달라고 의뢰했습니다.

∘ **피심플, 리스홀드 매물의 가격 차이**

출처: hawaiiliving.com

　고객은 직접 미국의 부동산 매물 검색 포털에서 조사를 해 관심 매물 몇 개를 저에게 공유해줬습니다. 그중 1개는 미국 하와이에서 입지가 가장 좋은 와이키키의 1909 Ala Wai Blvd에 위치한 한 콘도였습니다. 이 주변에는 미국 현지인들에게도 인기가 많은 준신축 콘도인 얼루어(Allure), 랜드마크(Landmark) 콘도가 둘러싸고 있습니다. 이 콘도의 가격은 얼마였을까요? 가격도 정말 저렴한 10만 4,500달러였습니다. 아무리 오래된 콘도라고 하지만 어떻게 이렇게 저렴할 수 있을까요? 안타깝게도 이 부동산은 소유권의 형태가

'피심플'이 아닌 '리스홀드'였습니다.

　미국에서 부동산 투자를 할 때 부동산 매물 조회 웹사이트나 공인중개사에게 매물을 받으면 '피심플' '리스홀드'라고 쓰인 문구를 볼 수 있습니다. 왼쪽 페이지 상단의 사진은 매물 조회 웹사이트 화면의 일부입니다. 비슷한 콘도인데도 가격이 36% 가량 차이가 나는 것을 확인할 수 있습니다. 그 이유는 바로 피심플, 리스홀드 차이 때문입니다. 상대적으로 저렴한 가격의 매물은 리스홀드 소유권을 갖는 매물입니다. 그렇다면 '피심플'과 '리스홀드'는 각각 무엇일까요?

완전한 형태의 소유권, 피심플

일반적으로 미국의 많은 주에서는 가장 완전한 형태의 소유권을 '피심플'이라고 합니다. 피심플은 부동산에 대한 점유권, 처분권, 상속권 등 자산에 대한 100% 소유 권한을 갖는 형태를 말합니다. 피심플은 보통 토지와 그 위의 건물 모두에 대한 완전한 소유권을 갖습니다. 피심플의 상위 개념이자 리스홀드에 대비되는 소유권의 명칭은 프리홀드(Freehold)라고 합니다.

　프리홀드의 여러 가지 중 하나가 피심플입니다. 그 외에 대표적인 프리홀드의 한 종류는 라이프에스테이트(Life Estate)라고 해 소유권자가 생존해 있는 기간에만 소유권을 갖는 것도 있습니다.

피심플도 다양한 형태의 소유권을 가집니다. 가장 대표적인 건 단독 소유(Severalty Ownership)입니다. 1명의 개인이나 법인이 부동산을 소유하는 유형입니다. 보통 한국 거주자가 투자용으로 미국에 부동산을 구입할 때 일반적으로 선택하는 형태입니다.

미국에서는 비거주자가 공동명의로 부동산을 소유하는 것을 허용하지만, 한국 외국환거래규정상 한국 거주자가 거주 목적이 아닌 투자용 부동산을 구입할 경우 단독명의만을 허용합니다. 반면 공동명의 취득은 인정하지 않습니다.

이외에도 2명 이상의 개인이나 법인이 부동산 소유권을 일정 비율로 나눠 갖는 공동 소유(Tenants in Common)도 있습니다. 또한 공동 소유권자들이 생존해 있는 기간 동안에만 소유권을 갖고 사망한 뒤에는 생존한 공동 소유권자에게 소유권이 자동으로 배분되는 합작 소유(Joint Tenants 또는 Joint Tenants with Rights of Survivorship)도 있습니다. 이처럼 한국보다 다양하고 세분화된 소유권의 유형이 존재합니다.

일정 기간 임차할 권리인 리스홀드

———

그렇다면 리스홀드는 어떤 개념일까요? 바로 건물 공간을 일정 기간 임차할 권리를 뜻합니다. 언뜻 보기에는 한국의 전세와 비슷한 것 같지만 한국의 전세와는 다른 형태의 권리입니다. 영미권에서 리스홀드는 일반적으로 99년간 또는 125년간 건물에 대한 임차권을 갖는 걸 뜻합니다. 반면 리스홀드는 토지에 대한 소유권이 없기 때문에, 임차권을 가진 자는 토지 소유자에게 매달 토지 이용요금을 내야 합니다.

리스홀드도 임차권 기간이 남아 있는 경우 피심플과 같이 부동산 시장에서 거래됩니다. 리스홀드 권리를 갖는 부동산을 거래할 때 주의점은 여러 가지입니다. 대표적으로 임차권의 기간이 얼마나 남았는지 확인해야 한다는 점입니다. 만약 35년 이하로 기간이 남은 경우 은행권으로부터 주택담보대출을 거절당할 수 있습니다.

또한 토지에 대한 소유권이 없고 건물을 임차할 권리만 있기 때문에 건물이 감가상각될수록 리스홀드 매물의 거래 가격이 내려갈 수 있습니다. 이는 한국의 전세가 보증금 원금은 지킬 수 있다는 점과 다릅니다. 물론 리스홀드의 경우 토지 소유자에게 리스홀드 피인터레스트(Leasehold Fee Interest)를 지불하고 토지에 대한 권리를 구매해서 피심플의 권리를 얻을 수 있습니다.

그렇다면 리스홀드는 왜 구매하는 것일까요? 만약 제가 자산을 물려줄 자손이 없고 은퇴 후 가진 것이 집 한 채뿐이라고 가정해볼게요. 이런 상황에서는 살고 있는 집에 큰돈이 묶여 있는 것보다 거주를 위해 드는 목돈을 최소화하고 생활비로 여유 있게 사는 것이 좋습니다. 그리고 한 집에 오래 거주하고 싶다고 가정해봅시다. 만약 피심플인 집을 매수해서 매달 주택담보대출의 원리금을 갚거나 집을 렌트해서 매달 임대료를 내야 한다면 어떨까요? 소득이 줄어든 상황에서는 부담이 될 것입니다. 따라서 이런 상황에선 소유권을 온전히 갖는 것보다 리스홀드로 갖는 게 더 경제적 부담이 적습니다.

초보는 놓치기 쉬운
콘도 구입 시 체크리스트

우리가 한국에서 아파트를 구입한다고 생각해봅시다. 투자하기 전에 점검해야 할 사항이 많을 겁니다. 출퇴근 교통이 편리한지, 지하철이나 버스정류장까지 도보로 얼마나 걸리는지, 아이들이 학교까지 안전하게 걸어갈 수 있는지, 동네의 학원가나 학군은 어떤지, 아파트 단지 주변에 병원, 은행, 마트 같은 생활 편의시설은 잘 조성되어 있는지, 인근에 유해 혐오시설은 없는지 등을 살펴봐야 합니다. 더불어 아파트 단지 내 커뮤니티 시설과 조경은 어떤지, 주차장은 지상인지 지하인지, 주차공간은 넉넉한지, 아파트 세대 수와 연식은 얼마나 되는지, 관심 있는 매물에서 보이는 뷰는 어떤

지, 동간 거리는 넓은지, 해는 잘 들어오는지, 층간소음은 없는지, 아파트 내부 구조와 동선은 편리한지, 층은 높은지 등을 살펴보게 됩니다.

이번에는 미국에서 콘도에 투자할 때 점검해야 할 사항을 짚어 보겠습니다. 물론 한국에서 집을 살 때와 마찬가지로 고려하는 사항들이 있습니다. 이런 일반적인 사항을 제외하고 한국과 미국의 문화와 시스템 차이로 발생하는 사항들을 살펴보겠습니다.

투자 수익률의 핵심, 관리비

———

제가 미국 주택의 종류에서 말씀드린 대로 미국의 콘도들은 주택소유자협회에 가입해 콘도 관리업체를 선정하고 콘도의 관리를 맡깁니다. 콘도나 타운하우스의 관리업체가 소유자들에게 부과하는 관리비를 'HOA Fee' 또는 'Maintenance Fee'라고 부릅니다. 외국인투자자로서 먼 거리에서 집을 직접 관리하기 어려울 때는 단독주택보다는 콘도의 주택 형태가 더 편리할 수 있습니다.

하지만 문제는 관리비가 상당히 비싸다는 점입니다. 콘도의 관리비는 임대 수익률뿐만 아니라 추후 매도 시 경쟁 콘도보다 비쌀 경우 잠재적 매수자들에게 인기가 덜할 수도 있습니다. 한국의 경우 99㎡(30평) 정도 아파트의 관리비가 보통 월평균 30만 원대 수준입니다. 반면 미국의 경우 관리비가 저렴하다는 콘도조차도 전

° 미국 콘도의 관리비 고지서 예시

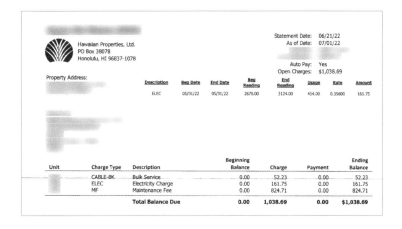

용면적 82~92㎡(25~28평) 기준으로 관리비가 적게는 700달러에서 많게는 1,200달러까지도 발생합니다.

게다가 미국은 집을 임대주는 경우 관리비를 임차인이 납부하는게 아니라 임차인이 집주인에게 내는 월세에서 떼어 납부하는 구조입니다. 그래서 관리비는 미국에서 임대사업을 운영할 때 발생하는 경비 중 가장 큰 부분을 차지합니다. 물론 사용한 만큼 부과되는 전기세나 임차인의 필요에 따라 가입한 케이블 TV 월정액 등은 임차인이 부담합니다. 관리비는 콘도의 전체 세대수, 어메니티의 퀄리티와 구성, 콘도 관리대행사가 제공해주는 서비스, 업체의 직원수 등에 따라 차이가 납니다. 또한 비슷한 수준의 콘도라도 새로 지어진 콘도일수록 관리비가 저렴해지는 추세입니다. 최신 건물은 에너지의 효율성을 고려해 짓기 때문이죠. 따라서 미국에서 콘도를 구입할 때는 콘도의 관리비가 적정한 수준인지 꼭 체크해봐야 합니다.

입주민들의 거주 만족도를 높이는 어메니티

미국인들이 콘도 관리비를 전용면적 기준으로 적게는 평당 28달러에서 많게는 평당 50달러까지 지불하며 거주하는 건 어메니티 시설 때문입니다. 어메니티는 콘도 거주자들에게 무료로 제공되는 공용 부대시설입니다. 이 시설은 콘도에 따라 천차만별입니다. 평균적인 관리비를 지불하면서 시설이 얼마나 잘 구비되어 있고, 관리대행업체가 시설을 깔끔하게 유지하고 있는지, 주민들이 이용하기 편리한지 따져봐야 합니다. 어메니티가 깔끔하고 이용하기 편하다면, 이것도 인기 콘도가 되는 요인이 될 수 있습니다.

어메니티는 기본적으로 로비, 라운지, 24시간 경비 상주, 우편함 정도만 갖춘 곳부터 피트니스 센터, 실내 수영장, 야외 수영장, 자쿠지, 남녀 사우나실, 샤워실, 개인 트레이닝실, 스쿼시장, 농구장, 당구대, 볼링장, 영화관, 노래방, 주방이 딸린 이벤트룸, 회의실, 게스트룸, 공유 오피스, 바비큐 그릴, 야외 카바나 등을 갖추고 있는 곳까지 가지각색입니다. 따라서 다른 조건이 비슷하다면 이왕이면 다양하고 편리한 부대시설을 갖추고 있는 게 좋겠죠.

114

콘도의 가치에 영향을 주는 주차장

―

콘도는 한국으로 따지면 주상복합아파트 내지 주거용 오피스텔로 생각하시면 됩니다. 콘도에 투자할 때는 주차장의 개수, 주차장의 층수, 주차장의 위치, 주차장의 사이즈와 모양을 고려해야 합니다. 단순히 내가 실거주용으로 이용한다면 상관없지만, 매도 시 가격 협상에서 불리하지 않으려면 어떤 주차장인지도 중요합니다. 미국은 땅이 넓기 때문에 가장 일반적인 주택은 단독주택 형태입니다. 따라서 고층의 주상복합콘도는 미국 대도시의 다운타운, 즉 가장 중심지역, 인구 밀도가 높고 땅값이 가장 비싼 지역에 주로 공급됩니다. 그렇기 때문에 이런 콘도가 공급되는 동네는 일반적으로 주차비도 매우 비싸게 형성되어 있습니다.

　하와이의 경우 와이키키 중심가에 주차를 하려면 시간당 10달러의 주차비를 내야 합니다. 저는 하와이 와이키키에 숙박을 알아볼 때 낡은 호텔 퀄리티 대비 너무나 비싼 숙박비에도 놀랐지만, 더 놀란 것은 와이키키의 많은 호텔이 숙박비와 별도로 주차비를 하루에 40달러씩 받는다는 것이었습니다. 그만큼 미국에서 콘도를 구입할 때는 주차장을 몇 칸 주는지, 어떤 주차장을 주는지 체크하는 게 중요합니다. 미국에 새로 공급되는 콘도는 일반적으로 지정 주차장을 제공합니다. 그래서 세대마다 설계 단계에서부터 어떤 주차장을 공급할지 주차장의 위치와 번호가 이미 정해져 있습니다. 그렇다면 주차장을 평가할 때 어떤 것들을 체크해야 하는지 구

∘ **콘도에 부착된 지상 주차장의 외관**

출처: 저자 제공

체적으로 살펴보겠습니다.

1. 주차장의 개수

미국의 콘도는 보통 원룸이나 1베드룸의 경우 주차장 1개를 제공합니다. 2베드룸과 3베드룸은 보통 주차장을 2개 제공하는 곳이 많습니다. 간혹 일부 콘도의 원룸은 주차장을 아예 배정하지 않기도 합니다. 또한 2베드룸 중 주차장을 1개만 공급하는 경우도 있으니 잘 살펴봐야 합니다.

미국은 일부 주를 제외하고는 대중교통이 한국만큼 발달하지 않았습니다. 그래서 부부가 각각 자동차를 소유하는 경우가 많습니다. 만약 임대를 주는 경우라면 주차장이 1개만 있어도 크게 문제가 없을 수도 있습니다. 다만 나중에 집을 매도할 때 주차장이 2개인 집보다 덜 선호될 수 있고, 가격도 낮게 측정될 수 있습니다. 물론 주차장이 1개인 집을 시세보다 훨씬 저렴한 가격에 매수한 뒤 같은 단지 내에서 지정 주차장만 추가로 다른 소유자로부터 주차장만 매수하거나 임대할 수도 있습니다.

2. 주차장의 층수

미국의 콘도는 보통 지하 주차장 시스템이 아닙니다. 지상에 주차타워를 짓거나 주상복합콘도의 상가층과 주택층 사이에 주차장을 만들어 공급합니다. 그래서 내 주차장의 위치가 너무 고층에 배정된 건 아닌지 체크해야 합니다. 한국의 아파트는 지하에 주차장을 만들기 때문에 보통 지하 2, 3층까지만 내려가면 됩니다. 하지만 미국은 주차타워나 콘도 내에 주차장을 만들기 때문에 심하면 건물 13층까지 올라가 주차해야 할 수도 있습니다.

3. 사이드 바이 사이드(Side by Side) vs. 탠덤(Tandem)

'사이드 바이 사이드'와 '탠덤'은 미국의 콘도에 공급되는 주차장 용어입니다. 결론부터 말씀드리면 사이드 바이 사이드 주차장이 가장 선호됩니다. 사이드 바이 사이드 주차장이란 주차장의 진입로가 도로에 닿아 있어서 각 주차장에 따로따로 주차가 가능하고 나란히 붙어 있는 주차장을 의미합니다. 이런 주차장을 2개 지정해주는 콘도의 유닛을 사면 주차장이 나란히 붙어 있어 가족들의 차

◦ **사이드 바이 사이드 형태의 주차장**

출처: 저자 제공

◦ **탠덤 형태의 주차장**

출처: hawaiiliving.com

를 함께 관리하기 편합니다. 그래서 이런 주차장이 미국에서 가장
선호되는 형태의 주차장입니다.

반면 탠덤 주차장은 1개의 큰 주차장(1 Large Parking)이라고도 불리는데 주차를 할 때 두 대의 차가 모두 같은 진입로에서 들어와야 합니다. 이 경우 한 대의 차가 나가려면 나머지 한 대가 자리를 비켜줘야 합니다. 이런 단점이 있기에 상대적으로 덜 선호되는 주차장입니다. 콘도는 미국의 각 주에서도 부동산 가격이 비싼 지역에 공급됩니다. 이렇다 보니 주차장 하나하나의 가치가 높을 수밖에 없습니다.

보통 미국에서 분양하는 콘도들을 살펴보면 2베드룸이라고 해도 코너 세대나 고층의 비싼 세대에게만 사이드 바이 사이드 주차장을 배정해줍니다. 중, 저층의 집에게는 주차장을 한 칸만 주거나 탠덤 형태의 주차장을 배정해주는 경우가 많습니다. 그래서 미국에서는 콘도 내 입주민 커뮤니티에서 돈을 지급하고 주차장을 서로 바꾸거나 남는 주차장을 임대하는 경우를 종종 볼 수 있습니다.

어포더블 하우징(Affordable Housing)과 임대세대의 비율

한국에서는 재개발, 재건축 지역의 경우 기존 조합원에게 분양하는 세대 외에 일반분양이나 특별분양, 임대세대를 일정 비율로 공급해야 인허가를 받을 수 있습니다. 이는 주택 공급이 부족한 미국에서도 동일합니다. 그래서 최근에 공급되는 콘도들을 보면 대부분 일반분양세대와 임대세대가 함께 공급되고 있습니다. 어포더블 하우징과 임대세대가 있다고 해서 해당 콘도 단지를 기피할 필요는 없습니다. 다만 주변 콘도 대비 지나치게 비율이 높지는 않은지 확인할 필요는 있습니다.

'어포더블 하우징'은 주정부가 정한 중위 소득 구간보다 낮은 소득의 세대가 소득 조건을 충족하면 분양받을 수 있는 주택입니다. 주정부별로 주의 평균 소득을 감안해 중위 소득 이하일 때만 해당 주택을 분양받을 수 있습니다. 그리고 분양받은 후 일정 기간 동안은 매도하거나 임대할 수 없도록 하고 있습니다.

물론 어포더블 하우징 세대를 분양받을 수 있는 소득 기준은 한국의 평균적인 세대 합산 소득보다 높습니다. 그래서 엄밀히 말하면 저소득층이라고 할 수는 없습니다. 일반적으로 해당 주의 중위 소득층이 대상이 된다고 보면 됩니다. 주정부는 주택의 공급난을 해소하고 시민들에게 주거 안정성을 제공하고자 이 제도를 운영하고 있습니다.

임대주택은 한국과 마찬가지로 어포더블 하우징도 분양받을 수 없는 더 낮은 저소득층에게 임대를 주는 주택입니다. 보통 콘도마다 다르겠지만 일반적으로 10~20% 비율로 임대주택을 공급합니다. 럭셔리 콘도의 경우 건물 전체에 임대주택이 아예 없는 경우도 있습니다.

어포더블 하우징과 임대세대가 있다고 해서 그 콘도를 기피할 필요는 없습니다. 왜냐하면 이런 세대가 없는 콘도는 거의 없기 때문입니다. 하지만 그 비율이 너무 높다면 주택 가격에 타격을 줄 수도 있습니다. 예를 들어 60% 이상이 모두 어포더블 하우징이거나 임대세대가 30%가 넘는 경우입니다. 따라서 내가 사려는 콘도에 어포더블 하우징이나 임대세대의 비율이 주변 콘도보다 높지는 않은지 한 번쯤 고민해봐야 합니다.

오션뷰를 즐길 수 있는 발코니의 여부

마지막으로 발코니의 여부입니다. 이 부분은 하와이, 플로리다처럼 오션뷰를 가진 지역에서 특히 중요한 사항이 될 것 같습니다. 물론 발코니가 필수 요소는 아닙니다. 하지만 쾌청한 날씨나 자연경관을 즐길 수 있는 도시에서는 중요할 수밖에 없습니다. 그래서 선택의 여지가 있다면 가급적이면 발코니가 있는 콘도를 구매하는 것이 좋습니다.

발코니는 야외 전망을 볼 수 있다는 장점뿐만 아니라, 낙상을 방지하는 안전공간의 역할도 해주고 환기와 통풍을 가능하게 해주기도 합니다. 또한 발코니의 면적은 관리비를 납부할 때 포함되지 않는 면적이라는 점도 장점입니다.

간혹 최근에 분양하는 콘도들을 보면 발코니가 제공되지 않는 곳도 있습니다. 분양사에서는 발코니가 오션뷰를 가리고 실제 입주민들이 잘 이용하지 않아 없앴다고 설명합니다. 물론 이런 단점이 있기도 합니다. 발코니가 없는 건물의 외관이 미관상 더 깔끔해

∘ **코울라(Koula)**　　　　∘ **아주어(Azure Ala moana)**

출처: 저자 제공

∘ **더파크온키아모쿠(The Park on Keeaumoku)**

출처: theparkonkeeaumoku.com

보입니다. 그러나 개인적으로는 서비스 면적을 줄이려는 의도가
더 크다고 생각합니다. 전용면적당 분양가를 높게 받기 위한 의도

인 것이죠. 실제 현지인들을 인터뷰해보면 발코니가 있는 콘도를 더 선호합니다. 위 사진은 미국 하와이에 발코니가 있는 대표적인 콘도들의 사진입니다.

하지만 발코니가 포함된 콘도도 단점은 있습니다. 가장 치명적인 단점은 콘도 건물을 외부에서 보았을 때 튀어나온 발코니 때문에 디자인적인 완성도가 떨어진다는 점입니다. 만약 발코니가 없다면 깔끔하고 세련되게 건물을 디자인할 수 있겠죠. 건물을 상업용 빌딩처럼 매끈한 유리로 외장재 마감을 할 수도 있고, 아름답게 곡선을 살릴 수도 있을 것입니다. 디자인적으로 미적 완성도가 높아지는 것이죠. 그리고 발코니 없이 거실에서 유리 너머로 전망을 감상해도 충분하다면 굳이 발코니가 필요하진 않을 것입니다. 따라서 개개인의 취향에 따라 선호하는 형태의 주택을 결정하면 됩니다.

방금 살펴본 사항들에 절대적인 답은 없습니다. 어떤 부분이 좀 부족하더라도 다른 부분이 마음에 든다면 종합적으로 고려해 매수하면 됩니다. 100점짜리 집은 한국이든 미국이든 존재하지 않을 겁니다. 저는 개인적으로 투자용 부동산을 선택할 때 체크리스트 중에서 70점 미만의 과락이 없고, 평균 80점 이상이면 매수합니다. 투자하고자 하는 매물이 어떤 종류의 부동산인지, 투자 목적이 실거주용인지 임대용인지, 예상 보유기간이 장기인지 단기인지 등에 따라 판단하고 결정하면 됩니다.

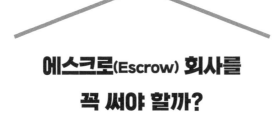

에스크로(Escrow) 회사를
꼭 써야 할까?

알고 보면 훨씬 안전한 거래방식

처음 미국에 집을 사려고 할 때 은행 직원분이 걱정하며 제게 말했습니다.

> "거래 당사자도 아닌 제3자에게 돈을 보낸다니, 확실한 거예요?"

부동산 대금을 에스크로 회사의 계좌로 보내려니 은행 직원이 보이스 피싱이나 부동산 사기를 당한 게 아니냐며 걱정해준 것입니다. 저는 에스크로 회사를 이용하는 게 당연하다고 생각했는데, 막상 은행 직원에게 저런 말을 들으니 덜컥 겁이 났습니다. 그래서 순간 에스크로 회사 홈페이지에 들어가 담당직원을 검색해보기도 하고, 블룸버그(Bloomberg)에서 회사 정보도 찾아봤습니다. 그런 후 안심하고 송금했던 기억이 있습니다.

미국은 계약 당사자와 부동산 중개사 외에도 제3의 중립적 위치의 전문회사가 부동산 거래 계약에 관련한 소유권에 대한 검토, 계약 의무 이행, 거래대금의 관리를 맡도록 되어 있습니다. 계약 체결부터 잔금과 소유권 이전 등기에 이르기까지 부동산 계약 전체 과정에 참여합니다. 이들은 주로 에스크로 회사, 소유권 회사, 클로징 전문 변호사인데 이들이 지켜야 하는 부동산 법규와 업무의 범위는 미국의 각 주마다 다릅니다.

미국 하와이, 캘리포니아, 네바다주 등의 경우는 에스크로 회사가 부동산 대금의 관리와 잔금과 등기까지의 절차를 집행하고 관장합니다. 보통 소유권 회사가 에스크로 서비스까지 제공하는 경우도 많습니다. 반면 뉴욕, 메인, 델라웨어 등의 주는 클로징 전문 변호사가 계약부터 잔금까지 대금 관리의 업무를 진행합니다. 주마다 절차와 법이 상이하기 때문에 구입하고자 하는 주의 복수의 중개법인과 중개사에게 자문을 얻는 것이 좋습니다.

미국의 에스크로 회사는 중립적인 제3자 입장에서 계약의 성사부터 부동산 매매계약의 종결인 클로징(Closing)까지 모든 프로세스에 수반되는 계약서 검토, 법무 검토, 금전 문제, 소유권 문제, 계약서의 각 주체가 각자의 권리와 의무를 이행하는 것까지 거래의 전반적인 사항을 검토, 관리, 감독해줍니다.

에스크로 서비스의 화룡점정, 소유권 조사(Title Search)

에스크로 회사가 부동산 대금을 치르기 위한 계좌와 송금 관리만 해주는 것으로 알고 있는 경우가 있습니다. 그러나 미국 서부에 있는 주에서는 소유권 회사가 에스크로 서비스를 담당합니다. 그리고 대금 관리 외에도 부동산 거래에 관한 많은 업무를 담당합니다. 에스크로 서비스의 화룡점정은 소유권 조사라고 할 수 있습니다. 에스크로 회사들은 부동산의 소유권에 관한 사실 관계를 조사하고 잔금을 치르기 전에 보고서를 매수자에게 제공합니다.

미국의 등기문서(Deed)에 기재된 소유권자의 히스토리, 현 소유권에 문제가 없는지, 부동산에 잡혀 있는 근저당, 유치권, 담보대출이 무엇인지, 판결 결과에 의해 부동산에 채무가 있는지 등을 검토합니다. 그리고 매도자뿐만 아니라 매수자의 재산세, 소득세 등 세금 체납, 카드비, 학자금, 자동차 할부 연체가 있는지, 벌과금, 과태료 미납 등 채무 이슈가 없는지도 검토해줍니다. 만약 문제가 있을 경우 각각에게 조치나 보정을 요청합니다.

모든 서류나 계약 주체의 상태에 법적, 금전적 문제가 없을 때 매도자와 매수자의 서명 미팅을 잡아주고, 해당 서류를 대출 은행에 전달해줍니다. 계약이 끝날 때까지 계약금, 중도금, 잔금을 에스크로 회사가 갖고 있다가 모든 검토 후 매도자에게 송금해주는 업무도 진행합니다. 주택담보대출을 받을 때 은행에서는 대출금도 에스크로 회사에게 송금합니다. 이런 철저한 조사는 부동산 매수자를 보호하기 위한 조치입니다.

그리고 매수자가 주택담보대출을 받는 경우 대출을 해주는 은행에서 에스크로 회사를 이용할 것을 요구하기도 합니다. 만약 대출을 받아 부동산을 구입한 매수자에게 상당한 채무가 있다고 생각해봅시다. 이때 부동산이 압류당한다면 은행 입장에서는 근저당을 설정했더라도 변제 우선순위에 밀려 대출금을 회수하지 못할 수도 있습니다. 그래서 은행에서도 매수자가 에스크로 회사를 이용하기를 원합니다.

한국에서는 보통 이런 부동산 거래 업무는 부동산중개사나 거래 당사자들끼리 처리합니다. 간혹 계약서를 작성할 때 변호사나 법무사를 대동하기도 하지만, 당사자 둘과 중개사가 처리하는 경우가 많습니다. 그래서 상대적으로 한국에서 분양 사기나 부동산 사기가 많이 일어나는 것이기도 합니다. 미국에서는 대형 법인이나 법무법인에서 하는 일을 한국에서는 중개사와 법무사가 처리하니 말이죠.

따라서 미국은 한국보다 부동산 거래를 할 때 사기가 발생할 가능성이 매우 낮습니다. 미국에서 부동산을 거래하거나 분양받을 때 에스크로 회사의 계좌가 아니라 공인중개사, 부동산 매도자, 분양

◦ 송금지시서 샘플

FIRST HAWAII ▶▶
TITLE CORPORATION
First Hawaii Title Corporation
201 Merchant Street, Suite 100
Honolulu, HI 96813
Phone: (808) 521-3411
Fax:

WIRE TRANSFER INSTRUCTIONS

Bank: First Hawaiian Bank
                   999 Bishop Street,
                   Honolulu, HI 96813

ACCOUNT NAME: First Hawaii Title Corporation

Account No.:

ABA/ROUTING No.: 121301015

SWIFT CODE (for International wire transfers): FHBKUS77

**WIRE DETAILS MUST INCLUDE AT LEAST ONE OF THE BELOW, OR BE SUBJECT TO
REJECTION**

OUR ESCROW NO.:

CUSTOMER NAME:

PROPERTY ADDRESS:

**PLEASE NOTE: OUR OFFICE DOES NOT ACCEPT ACH TRANSFERS, DIRECT
DEPOSITS, OR CASH. THESE INSTRUCTIONS ARE FOR THE PURPOSE OF SENDING
WIRE TRANSFERS OR REAL TIME PAYMENTS ONLY**

Please call your escrow team at a number you trust to verify the accuracy of these
wiring instructions prior to initiating your wire. If you receive correspondence
appearing to be from our office or your agent/lender referencing new or revised wiring
instructions, this may be cause for alarm. Our wire instructions rarely change so any
deviation should be considered suspicious and any change should be verified with your
known and trusted escrow team before sending any funds.

출처: 저자 제공

회사의 계좌로 직접 돈을 송금하라는 요청을 받으면 불법 거래일
가능성이 높습니다. 위 사진은 미국 하와이에서 부동산 계약을 할

때 에스크로 회사에서 보내주는 '송금지시서(Wire Instruction)'입니다. 부동산 거래대금의 수취인이 부동산 매도자가 아닌 에스크로 서비스를 제공하는 소유권 회사임을 알 수 있습니다.

에스크로 회사의 구체적인 업무

아래는 일반적인 에스크로 회사의 업무를 정리한 것입니다. 부동산 계약의 체결 시점부터 잔금을 치르고 등기가 되기까지 다양한 업무를 수행합니다.

- 완전히 체결된 계약의 계약금을 받고 관리한다.
- 거래를 위한 계좌를 개설하고, 계좌번호를 부여하고, 계약 당사자에게 지시사항을 메일로 안내한다.
- 소유권 조사, 소유권 보험 증서를 확인한다.
- 미국 주세법, 연방세법에 따른 매도자의 세금 납부를 진행한다.
- 소유권을 검토하고, 각각 변호사나 중개인에게 내용을 전달한다.
- 부동산에 유치권이 있다면 유치권 해결을 위한 필요 금액을 조사한다.
- 매도자가 주택소유자협회에 빚진 금액이 얼마인지 확인한다.
- 매수자에게 잔금을 받고 대금을 지불한다.
- 부동산 거래 종결을 위한 서류를 검토한다.

- 거래 종결을 위한 잔금 비용과 양도소득세 증명서를 준비한다.
- 매수자와 매도자 간의 최종 서명 미팅을 잡는다.
- 계약 당사자의 서명 미팅에 참석해 부동산 거래 종결을 위한 서류의 공증 업무를 담당한다.
- 양도와 소유권에 관한 모든 서류를 대출 은행에 전달한다.
- 대출 은행에게 잔금 지불을 위한 대출금을 받는다.

　에스크로 수수료는 회사마다 다르지만 통상 집값의 0.3% 내외로 발생합니다. 예를 들어 10억 원짜리 집을 산다고 가정하면 300만 원가량의 비용이 듭니다. 물론 적지 않은 수수료입니다. 하지만 에스크로가 제공해주는 서비스의 양과 전문성을 생각하면 과도한 비용은 아닙니다. 또한 이런 비용은 부동산을 팔아서 양도소득세를 계산할 때 부대비용으로 인정받을 수 있습니다.

소유권 보험을
꼭 들어야 하나요?

집을 살 때 보험을 들어야 한다고?

미국에서는 집을 구매하거나 재융자를 받을 때 대부분 소유권 보험에 가입합니다. 내가 받고 싶지 않더라도 은행 등 대출기관에서 필수로 가입을 요구합니다. 소유권 보험료는 일회성 비용이고, 보험료는 보험회사마다, 지역, 집값, 부동산 유형 등에 따라 다르지만 에스크로 수수료와 비슷한 수준으로 발생합니다. 한국에서는 집을 구매할 때 보험을 가입하는 게 일반적이지 않습니다. 그래서 저도 처음에는 보험료가 아까웠고 꼭 가입해야 하나 고민했습니다.

물론 대출 은행에서 주택담보대출을 위해 필수 조건으로 소유권 보험 가입을 요구했기에 선택의 여지는 없었습니다.

소유권 보험은 내가 구입할 부동산과 관련된 과거의 소유권 문제를 해결하고 부동산의 새로운 주인인 매수자의 권리를 보호하기 위한 상품입니다. 소유권 보험은 2가지 종류가 있습니다. 주택담보대출 금액만큼만 보호하는 대출기관 소유권 보험(Lender's Title Insurance)과 주택 구매자의 소유권을 보호하는 소유자 소유권 보험(Owner's Title Insurance)이 있습니다.

대출기관 소유권 보험은 대출기관이 주택담보대출을 실행할 때 차용인에게 반드시 가입하도록 요구하는 보험입니다. 미국에서 부동산 거래를 할 때 많은 민간 소유권 회사는 에스크로 서비스와 소유권에 대한 조사 업무까지 진행합니다. 이때 소유권 회사는 구매자가 대출을 받게 될 경우 부동산의 잔금 절차를 마무리합니다. 동시에 대출기관의 요구에 따라 소유권 조사를 마치며 소유권 보험에 가입시키고 증서를 발행합니다. 대출기관 소유권 보험은 부동산의 소유권자가 법적으로 소유권을 양도할 수 없는 경우 잠재적인 손실로부터 대출기관을 보호하는 것입니다. 이 보험은 대출기관의 경우 대출 금액까지만 보장됩니다.

소유자 소유권 보험은 부동산을 구입할 때 필수적으로 가입이 요구되지는 않습니다. 그러나 주택 구입자가 주택담보대출 금액 이상의 위험에서 보호받으려면 가입하는 게 좋습니다. 소유자 소유권 보험을 가입하게 되면, 다음과 같은 예상치 못한 위험으로부터 나의 소유권을 보호받을 수 있습니다.

- 매도자에게 법적 청구를 요구하는 부동산에 대한 미결 소송, 유치권 및 기타 저당권
- 부동산 소유권과 관련된 잘못된 서명이나 결함이 있는 공공 기록으로 인한 분쟁
- 소유권 조사에서 발견되지 않은 부동산 사용을 제한하거나 재산 가치를 감소시킬 수 있는 지역권 또는 기타 계약
- 유언장에 의한 요구 및 이와 유사한 분쟁과 같은 소유권 관련 법적 분쟁
- 부동산과 관련된 사기 또는 위조

앞에서 설명한 것처럼 에스크로 회사가 소유권 조사를 마치면, 소유권 회사는 TIC(Title Insurance Commitment) 서류를 작성합니다. 그리고 소유권 조사의 결과 매도자와 매수자가 잔금을 치르기 전에 해결해야 할 사항들(세금, 과태료, 벌과금, 공과금, 관리비 납부, 계약서상에 명시된 내용이 이행되었는지, 부동산에 부채가 남아 있는지 등)을 정리해서 알려줍니다.

잔금을 치르기 전까지 돈으로 해결되지 않는 것들은 매도자와 매수자가 각자 해결해서 그 증거를 제출해야 하며, 통상 돈으로 해결되는 것들은 잔금에서 제외합니다. 매도인은 잔금날에 나머지 금액을 받게 됩니다. 이 과정이 모두 끝나야만 소유권 보험에 가입

할 수 있습니다. 소유권에 관한 문제가 발생하면 보험회사가 먼저 새로운 소유주에게 비용을 지불해주고, 보험회사는 그 원인 제공자에게 추후 청구하는 식으로 진행됩니다.

소유권 보험 가입이 필수인 이유

소유권 보험 가입이 필수인 이유는 갑자기 제3자가 소유권을 주장할 수도 있기 때문입니다. 미국에도 저당(Lien), 지역권(Easement), 불법 점유(Adverse Possession) 등이 존재합니다. 불법 점유를 예로 들어보겠습니다. 만약 내 집이 도로에 맞닿아 있고, 우리 집을 통과하지 않고는 도로에 접근할 수 없는 이웃이 있다고 합시다. 이웃이기도 하니 수십 년간 내 땅을 차도로 이용하도록 두었습니다. 이를 동네 주민들이 다 알고, 집의 전 주인부터 나까지 아무도 불만을 제기하지 않습니다.

나는 수십 년간 호의를 베풀었으나, 어느 순간 이웃이 돌변해서 내 땅에 대해 소유권을 주장할 수도 있습니다. 이럴 때는 예기치 못한 돌발 상황이기에 집주인이 혼란스러울 수밖에 없습니다. 그러나 걱정할 필요 없습니다. 등기부등본에 나타나지 않았던 소유권과 관련된 문제는 보험회사가 보호를 해주기 때문입니다. 보험회사에서는 부동산 소유권과 관련한 법적 소송까지 모든 비용을 지불해줍니다.

물론 이런 일이 내게 일어날 가능성이 적다고 생각할 수도 있습니다. 그러나 명심해야 할 건 우리가 투자할 대상은 국내가 아니라 해외인 미국에 있다는 것입니다. 보험 비용을 내더라도 소유권 보험이 있어야 혹시 모를 상황에 대비할 수 있습니다. 다행인 건 이 보험은 매월 납부하는 게 아니라 집을 구입할 때 한 번만 납부하면 된다는 점입니다. 부동산 취득을 위한 부대비용으로 생각하면 마음이 좀 편합니다.

파이어족으로 은퇴하는 직장인이
새로운 현금 흐름의 파이프라인을 얻다

B씨는 8살, 10살 두 자녀를 둔 30대 후반의 여성이다. 직장인인 그녀는 자녀들의 교육을 위해 미국 이민을 계획하고 있었다. B씨는 10년 넘게 다닌 안정적인 직장을 퇴사하기 전 내게 도움을 요청해왔다. 그녀에겐 근로소득 외에도 파이프라인이 2개가 있었다. 먼저 배당주 투자로 매년 꾸준히 배당금을 받고 있었다. 그리고 서울 소형 오피스텔과 지방 소형 아파트 투자를 통한 임대 소득이 있었다. 이 중 여러 채의 소형 아파트를 2021년 말부터 2022년 초에 매도했다. 이때 마련된 자금으로 가족이 거주할 콘도와 임대 수익이 높은 매물을 찾고 있었다.

그녀는 한국에서 일명 '썩아(썩은 아파트)'에 주로 투자해왔다. '썩아'는 매우 낡고 오래된 아파트를 말하는데, 공시지가 1억 원 이하의 주택으로 다주택자의 경우에도 취등록세가 중과되지 않고 소액으로 투자가 가능한 아파트다. 그래서 미국에서도 '썩콘(썩은 콘도)'을 싸게 사서 리모델링해 임대를 놓거나 재매각하려고 했다. 그녀가 직접 손품을 팔아 찾아온 매물들은 입지가 매우 좋았다. 가격도 10만 달러(한화 1억 3천만 원) 전후로 괜찮은 편이었다.

그런데 2가지 문제가 있었다. 첫째로 소유권의 형태가 점유권, 처분권, 상속권을 모두 갖는 '피심플'이 아닌 '리스홀드'였다는 점이다. 리스홀드는 일종의 임차권으로 토지에 대한 소유권이 없다. 건물을 이용할 권리만 일정 기간 동안 가질 뿐이다. 리스홀드 형태의 부동산은 당장은 저렴할 수도 있다. 하지만 시간이 지날수록 매물의 가격이 떨어질 수 있다는 위험이 있다. 또한 은행마다 다르지만 리스홀드 형태의 부동산은 주택담보대출을 거절당할 수도 있다. 특히 리스홀드 기간이 35년 이내로 남았을 경우 대부분의 은행은 대출을 해주지 않는다.

둘째로 그녀가 찾아온 또 다른 매물은 피심플이었지만 완전한 주방(Full Kitchen)이 없는 콘도텔이었다는 점이다. 미국 은행에서 주택담보대출을 받으려면 완전한 주방을 갖추었는지 여부가 중요하다. 보통 싱크대뿐만 아니라 가스레인지, 오븐과 같은 요리 장비가 주방에 설치되어 있는지를 기준으로 확인한다. 완전한 주방을 갖추지 않은 콘도텔의 경우 대부분의 은행에서 주택담보대출이 나오지 않는다. 따라서 B씨가 찾아온 매물들은 집값 자체는 좀 더 저렴할 수 있지만, 대출이 나오지 않기 때문에 전액 현금으로 투자해야 했다.

내가 부동산 투자 컨설팅을 하며 항상 마음에 새기는 2가지가 있다. 첫째는 "내가 투자할 부동산을 찾는 마음으로 자문하자."는 것이다. 나는 부동산 투자 컨설턴트 이전에 전업 투자자다. 그래서 고객보다도 내가 저 부동산을 투자할지 생각해보고, 더 나은 선택지를 찾으려고 한다. 둘째는 "출구 전략이 있는 매물을 제안하자."는 것이다. 부동산 투자는 큰돈이 오가는 거래다. 누군가에게는 인생을 바꾸는 결정일 수도 있다. 따라서 장단기임대 수요가 높고, 불황에도 팔릴 수 있는 우량 부동산을 추천한다.

나는 와이키키에 소재한 단기임대가 가능하며 완전한 주방을 가진 콘도텔들을 소개해줬다. 가격은 20만 달러 전후지만 주택담보대출이 60%까지 나와서 그녀가 찾아온 매물들보다 투자금은 적게 들었다. 더불어 와이키키에 소재한 단기임대용 부동산으로 인기 있는 콘도텔들은 오래된 연식에도 불구하고 보수만 잘하면 꾸준히 매매가격도 올랐다. 나는 그녀가 미국에 거주용 콘도 1채와 임대소득 목적용 콘도텔 2채를 매입할 수 있도록 컨설팅해줬다.

그런데 여러 채를 구입하다 보니 개인명의로 구입할지, 법인을 설립해서 구입할지 고민스러웠다. 나는 개인명의로 구입하는 걸 추천했다. 왜냐하면 미국에서 법인으로 주택담보대출을 받으면 번거로운 일이 많기 때문이다. 보통 신생 법인은 매출이 없고 사업에 지출되는 비용이 많다. 그래서 초반 몇 년간은 수익이 나오기 쉽지 않다. 이 경우 대표자가 연대보증을 서야 하고 대표자의 근로소득 등 소득 자료를 제공해야 한다. 게다가 법인 대출의 경우 대출이 실행된 이후에도 매년 소득 자료를 제출해야 한다. 그런데 이 고객은 자녀 교육 때문에 퇴사를 앞두고 있었고, 이후 소득증명을 하기 어려운 상황이었다.

반면 개인명의로 주택을 구입할 시 주택담보대출을 할 때 직전 소득 자료만 내면 이후 소득증명을 할 필요가 없었다. 이런 이유로 나는 고객이 구매하려는 주택이 여러 채이지만 개인명의로 투자할 것을 권했다. 이 고객은 개인명의를 택했고 현재 완전한 파이어족이 되어 매달 현금 흐름을 창출하고 있다. 게다가 2022년 중반에 그녀가 구입한 콘도텔은 이후 하와이 관광업의 정상화, 단기임대 수요의 상승, 인플레이션, 공급 부족 등의 이유로 실거래가가 20% 가까이 상승했다.

투자 포인트

☐ 미국 부동산은 한국처럼 무턱대고 '썩아' '썩콘'에 투자하면 안 된다.

☐ 피심플, 리스홀드의 차이점을 알고 투자하자.

☐ 부동산을 여러 채 구입하더라도 개인명의로 하는 게 유리할 수 있다.

따라 하면
성공하는
실전 투자법

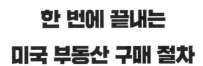

한 번에 끝내는
미국 부동산 구매 절차

미국에 부동산을 사기로 마음먹었다면 가장 궁금한 건 '절차'일 것입니다. 한국과 미국은 부동산을 계약하고 대금을 치르는 절차와 방식이 많이 다릅니다. 그래서 처음엔 어렵고, 생소하고, 당황스러울 수 있습니다. 하지만 이 책의 내용을 잘 숙지한다면 문제없이 진행할 수 있을 것입니다. 물론 절차의 순서와 세부사항은 주마다, 부동산의 유형마다, 매도자의 요구사항에 따라, 대출 여부에 따라 달라집니다. 다음은 일반적인 미국의 주택 구매 절차입니다.

◦ **미국 부동산 구매 절차**

① 지역 선택
↓
② 공인중개사 선임
↓
③ 오픈 하우스 방문
↓
④ 사전심사추천서 받기
↓
⑤ 오퍼 넣기
↓
⑥ 카운터 오퍼 받기
↓
⑦ 계약서 작성하기
↓
⑧ 에스크로 계좌 개설
↓
⑨ 계약금 송금
↓
⑩ 주택 사전 점검
↓
⑪ 주택담보대출 신청
↓
⑫ 감정평가
↓
⑬ 공문서 서명, 공증과 아포스티유 확인
↓
⑭ 잔금과 등기

1. 지역 선택

———

가장 중요한 것은 내가 사고 싶은 부동산 매물을 정하는 것입니다. 우선 미국의 어느 주, 어느 도시의 부동산을 구매할지 골라야 합니다. 이때 입지, 인프라, 교통, 직장과의 거리, 편의시설, 학군, 투자 금액, 향후 호재 등을 종합적으로 판단해서 지역을 선택합니다.

먼저 나의 현재 가용 투자금과 소득을 바탕으로 대출을 얼마나 받을 수 있을지 투자금 설계를 합니다. 이후 내가 가진 돈으로 살 수 있는 집의 가격대를 정합니다. 그리고 미국의 주택의 종류는 여러 가지이기에 싱글하우스, 멀티유닛, 타운하우스, 콘도의 장단점을 잘 따져보고 어떤 유형의 주택에 투자할지 결정해야 합니다.

그런 다음 내가 가진 투자금으로 관심 지역의 매물을 살 수 있는지 조사합니다. 미국에도 '네이버 부동산'과 같은 다양한 부동산 매물 조회 플랫폼이 있습니다. 한국에서 부동산 투자를 위해 손품을 파는 것처럼 직접 검색해봐야 합니다. 내가 원하는 지역에 필터를 걸어 직접 검색하고, 내 투자금으로 매수할 수 있는 범위의 매물들을 살펴봅니다. 미국인들이 즐겨 사용하는 플랫폼으로는 질로우(zillow.com), 레드핀(redfin.com), 리얼터(realtor.com) 등이 있습니다.

2. 공인중개사 선임

공인중개사를 선임하고 원하는 매물의 조건을 알려주면, 매물 리스트를 보내줍니다. 공인중개사는 거래 경험이 있거나 지인을 통해 소개받는 게 좋습니다. 아니면 직접 온라인으로 찾아서 선임하기도 합니다. 수많은 한인 중개사가 자체 웹사이트, 블로그, 유튜브 채널을 운영하고 있습니다.

저의 경우 공인중개사를 선임할 때 먼저 3명 이상에게 상담을 받습니다. 이때 지역에 대한 전반적인 이해와 정보를 얻게 됩니다. 그러면서 이 사람이 전문가인지 아닌지 확인해봐야 합니다. 내가 사고자 하는 지역에 거주하고 있다면 더욱 믿을 수 있습니다. 해당 지역에서 중개 경력이 최소 5년 이상인지, 최근에도 중개를 활발히 했는지, 고객 중 비거주자 한국인이 많았었는지 체크해야 합니다.

미국의 공인중개사는 한국에 비해 세분화되어 있습니다. 주별로 부동산 법과 규정이 서로 다르고 지역이 넓다 보니 미국 전역을 다 아는 사람은 없습니다. 주와 동네별로 세부 지역을 전문으로 하는 중개사가 있을 뿐입니다. 또한 같은 지역 내에서도 주택 전문, 상업용 부동산 전문, 임대 관리 전문 등으로 나눠져 있습니다. 따라서 원하는 분야에 따라 공인중개사를 선임해야 합니다.

3. 오픈 하우스(Open House) 방문

나의 예산 범위 내에서 원하는 부동산을 찾았다면, 그 집의 상태를 확인하기 위해 방문을 합니다. 해당 주에 머무르고 있다면 직접 방문할 수도 있고 콘도 분양권이라면 콘도가 들어설 공사 현장을 방문하고 모델하우스를 방문할 수도 있습니다.

한편 직접 방문하지 않고 투자하는 것도 가능합니다. 요즘에는 많은 집이 3D 촬영을 해서 부동산 매물 조회 사이트에 올려놓습니다. 그래서 마치 집에 방문한 것처럼 한국에서도 3D 영상을 시청할 수 있습니다.

요즘 미국의 매물 조회 플랫폼에는 3D Tour라는 서비스를 제공하고 있습니다. 매도자는 3D 영상 촬영을 하는 업체에 의뢰하고, 해당 자료를 업로드합니다. 그래서 현장에 방문하지 않고도 집 구경하기가 수월해졌습니다. 혹은 현지 공인중개사에게 의뢰해서 대신 방문하게 할 수도 있습니다. 영상통화로 집의 내부와 외부, 전망 등을 보여달라고 요청하는 것이죠. 그리고 콘도 분양권의 경우 화상 미팅을 통해 모델하우스 투어와 콘도에 대한 설명회를 진행해줍니다.

○ 하와이의 한 단독주택 오픈하우스의 모습

출처: 저자 제공

○ 3D Tour를 제공하는 사이트 화면

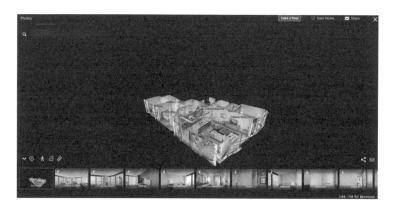

출처: zillow.com

148

4. 사전심사추천서(Pre-Qualification Letter) 받기

2022년 초 미국에서 단독주택을 구입하고 싶어 집을 보러 다닌 적이 있습니다. 그런데 많은 집이 집을 보여주기 전에 '사전심사추천서'를 요구했습니다. 사전심사추천서는 한국의 시중 은행과 유사한 일반 상업은행에서 발행해줍니다. 잠재적 매수자가 해당 집을 구입할 만한 자기자본투자금을 보유하고 있으며, 신용과 소득이 은행의 요구 기준을 넘어 대출을 조건부로 보장한다는 추천서입니다. 주로 매도자 우위 시장에서 많은 매도자가 계약이 파기될 수도 있는 번거로움을 피하기 위해 사전심사추천서를 요구합니다.

만약 대출을 받지 않고 전액 현금으로 구매한다면 부동산 구입 대금 이상이 예치된 계좌의 예금잔액증명서나 주식잔액증명서를 준비하면 됩니다. 당시 저는 추천서를 받는데 일주일 정도 소요되고 각종 서류를 제출해야 해서 추천서를 요구하지 않는 집들만 보고 왔습니다.

은행으로부터 사전심사추천서를 받으려면 일단 은행의 대출 담당자(Loan Officer)에게 연락해야 합니다. 내가 사고자 하는 주택의 주소, 금액대, 원하는 담보인정비율을 얘기하고 은행의 심사를 기다립니다. 그런데 사전심사추천서를 써준 은행에서 반드시 대출을 받아야 하는 것은 아닙니다. 물론 이미 지어진 집을 사려는 경우에는 구매 절차를 빠르게 진행하기 위해 가급적 대출을 받을 은행에 요청해서 추천서를 받아 놓는 것이 좋습니다. 은행마다 사전

심사추천서를 써주기 위해서 각기 다른 서류를 요청하지만 보통 다음과 같은 서류는 필수입니다.

- 최근 2년치 세금 보고서(한국의 '소득금액증명원')
- 최근 3개월치 잔고 증명서(최근 3개월치 매월 말일 잔고 증명서)
- 명의자의 여권 또는 신분증
- 최근 3개월치 급여명세서
- 재직증명서 또는 간단한 이력서(Resume)

은행은 대출자의 소득과 잔고를 검토해보고, 이 정도 금액의 집을 살 수 있는 자격이 된다고 여겨지면 가능한 대출금을 표기한 사전심사추천서를 써줍니다. 이 추천서는 집의 내부를 둘러보거나 계약하기 전에 상대방 매도자의 공인중개사에게 제출하면 됩니다.

5. 오퍼(Offer) 넣기

그다음 절차는 한국의 경매와 마찬가지로 내가 사고자 하는 가격을 제시하는 절차입니다. 매도자가 제시한 가격(Asking Price), 유사한 매물의 실거래가, 호가 등을 기준으로 공인중개사와 협의를 거쳐 적정 가격을 제시합니다. 코로나19 이후 신규 주택 공급이 줄어들고 인플레이션이 심화되자 많은 경우 매도자가 제시한 가격을 훨씬 상회해서 거래가 성사되곤 했습니다. 이런 매도자 우위 시장에서 사실 가격을 깎는 것은 아주 어렵습니다.

매도자는 집을 비우고 호텔에서 지내면서 몇 주 정도 매수 희망자들에게 집을 보여줍니다. 그리고 여러 개의 제안을 받아 가장 높은 가격이나 마음에 드는 조건을 제시한 매수 희망자와 거래합니다. 그래서 그 집이 정말 마음에 든다면 공인중개사와 잘 협의해서 전략적으로 매수 희망 가격을 제시해야 합니다. 이것이 매수자의 공인중개사가 해야 할 가장 중요한 역할입니다.

한편 콘도 분양권의 경우 이런 과정이 생략됩니다. 왜냐하면 시행사가 사전에 정한 분양권의 가격이 있기 때문입니다. 보통 시행사들은 이런 분양가를 깎아주지 않습니다. 미국에서는 부동산 중개에 있어 직업윤리가 매우 중요하게 여겨집니다. 심한 경쟁으로 공인중개사 간 혹은 공인중개사와 시행사 간 소송도 많이 발생합니다. 그래서 고객이 시행사에 직접 연락하더라도 소송거리가 될 수 있기에 할인해주지 않습니다.

오히려 분양이 진행될수록 점점 분양권의 가격은 올라갑니다. 하와이의 인기 콘도 중 하나는 완판될 때까지 무려 15차례나 가격을 인상시킨 사례도 있습니다. 보통 분양을 처음 시작할 때 분양가격이 가장 낮습니다. 이때 빠르게 계약하면 단지 내에서도 상대적으로 저렴한 가격에 분양받을 수 있습니다. 미국에서는 시행사가 계약되지 않은 매물의 분양가를 인상하는 것이 합법입니다. 그래서 시행사는 완공일이 다가올수록 여러 비용을 고려해 분양가를 수시로 조정합니다.

완공 때 미분양이 되더라도 할인해주지 않으며, 시행사가 자체적으로 임대를 놓고 기다리다가 시장이 회복되었을 때 더 비싼 가격으로 판매하는 경우가 많습니다. 따라서 미국에서 분양권을 저렴하게 사려면 분양을 시작하는 초반에 사야 합니다.

6. 카운터 오퍼(Counter Offer) 받기

매수자가 오퍼를 넣으면 매도자가 다시 어떤 조건으로 집을 팔겠다고 '역제안'을 합니다. 매도자는 가격도 중요하지만 매수 조건도 중요시합니다. 예를 들어 빨리 집을 팔고 싶은 매도자는 제안받은 금액이 적더라도 전액 현금으로 구매하는 매수자를 선호할 수 있습니다. 대출을 받으려면 최소 30일 정도 시간이 소요되기 때문에 잔금을 치르는 데 오래 걸릴 수 있기 때문입니다. 혹은 가격을 조금 깎아주더라도 현상태 그대로 수리나 보수 없이 집을 파는 것을 선호하기도 합니다.

이런 카운터 오퍼는 여러 번 오갈 수 있습니다. 매도자가 제시한 오퍼가 마음에 들지 않으면 또 다시 매수자가 카운터 오퍼를 제시하면 됩니다. 협상이 진행되다 매수자와 매도자가 서로 가격과 조건이 마음에 들면 계약이 성사됩니다. 만약 서로 합의점을 찾지 못하면 협상은 결렬됩니다.

7. 계약서 작성하기

———

매수자와 매도자가 서로 가격과 조건에서 합의점을 찾았다면 다음
은 계약서를 작성하는 단계입니다. 미국은 요즘 계약서를 쓸 때도
직접 만나지 않고 대부분 이메일로 주고받습니다. 매수자 측에서
준비된 계약서를 작성해 매도자에게 보내줍니다. 양측이 계약서
를 검토한 뒤 매도자와 매수자가 계약서에 전자 사인을 하면 됩니
다. 보통 미국은 각 주별로 표준계약서가 존재합니다. 그래서 계약
서 본문 문구를 수정할 일은 거의 없습니다.

또한 매도자는 집을 팔기 전 '판매자의 부동산 공개진술서(Seller's
Real Property Disclosure Statement)'에 집의 상태나 하자에 대해 꼼꼼
하게 기록합니다. 이 서류는 쉽게 말해 부동산의 이력서와 같은 서
류입니다. 이 서류를 통해 매수자는 집이 언제, 어느 부분이 수리
됐는지 등의 정보를 알 수 있습니다. 따라서 반드시 본인의 공인중
개사를 통해 매도자 측에게 해당 서류를 요청해야 합니다.

8. 에스크로 계좌 개설

———

양측이 계약서에 서명한 후 진행하는 절차는 부동산 대금 거래용
에스크로 계좌를 여는 것입니다. 미국에서는 계약금, 중도금, 잔금
등 거래대금을 부동산의 매도자, 현재 소유권자에게 직접 이체하

지 않습니다. 주마다 다르긴 하지만 일반적으로 소유권 회사 명의나 에스크로 전문기관 또는 부동산 클로징(계약 종결) 전문 변호사의 계좌로 이체합니다. 뉴욕 같은 미국의 동부에서는 부동산 계약 시 변호사가 상당수 에스크로 업무를 대행합니다. 로펌을 통해 계약금 등 대금관리, 법무 검토, 등기 작업을 진행합니다.

미국의 서부에서는 소유권 회사가 에스크로 업무를 함께 담당하기도 합니다. 소유권 검토, 서류 검토, 계약서 검토, 거래대금 관리, 등기 업무까지 맡고 있습니다. 그래서 부동산 거래를 하다 보면 미국 서부의 에스크로 및 소유권 회사의 이름이 '○○○○ Title Escrow Services' 등인 경우가 많습니다.

만약 미국에서 부동산을 살 때 공인중개사 또는 매도자가 본인의 계좌를 직접 알려주거나 제3자 기관을 통하지 않으려 한다면 조심해야 합니다. 이런 경우는 사기 거래일 가능성이 높습니다.

9. 계약금 송금

에스크로를 통해 부동산 거래를 위한 계좌가 개설되면 해당 계좌로 계약금을 송금합니다. 보통 미국인의 경우 계약서를 작성한 후 1~2일 내에 송금하는 게 일반적입니다. 만약 매수자가 외국인인 경우 신고나 송금하는 데 시간이 걸리므로 1주일 정도 기다려주기도 합니다. 계약금은 매도자의 요구마다 다르겠지만 보통 집값의

1~5% 정도를 송금합니다. 그리고 분양권은 분양대금의 5%를 계약금으로 송금합니다. 이렇게 계약금을 보냈다고 하더라도 계약서를 작성한 날로부터 30일 내에는 어떤 사유든지 계약을 취소할 수 있습니다. 또한 계약금도 전액 환불됩니다(일부 송금 수수료는 제외하고 돌려줍니다).

10. 주택 사전 점검(Home Inspection)

그다음 절차는 '주택 사전 점검'입니다. 주택 사전 점검은 에스크로 개설이나 대출 신청과 비슷한 시점에 진행하는 절차입니다. 주택 사전 점검은 전문적인 주택 조사관에게 의뢰해야 합니다. 수수료를 지불하더라도 반드시 꼼꼼하고 철저하게 조사해야 합니다. 한국과 달리 미국에서는 계약 조건에 따라 점검 후 중대한 하자가 있으면 계약을 파기할 수 있습니다. 또한 발견될 하자에 대해 매수인이 개선을 요구하면, 매도자는 수리할 의무를 갖게 됩니다.

미국의 주택, 특히 단독주택은 전문가에게 반드시 주택에 대한 정밀 점검을 맡겨야 합니다. 왜냐하면 미국의 단독주택은 집마다 자재나 상태가 천차만별이기 때문입니다. 수수료가 다소 발생하더라도 전문가들에게 집 상태 점검을 요청해서 하수나 급수 등 배수에 문제는 없는지, 결로나 곰팡이는 없는지, 미국 주택에서 가장 무서운 벌레인 흰개미는 없는지 등을 점검받아야 합니다.

◦ 냉방 설비 고장과 싱크대 배수 누수 문제

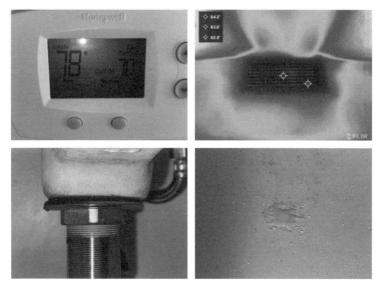

출처: 저자 제공

　흰개미 검사는 영어로 터마이트 검사(Termite Inspection)라고 하는데 보통 매도자가 비용을 부담하는 편입니다. 미국의 단독주택은 보통 목재로 짓기 때문에 벌레가 기본적으로 생길 수밖에 없습니다. 그중 흰개미는 목재를 갉아먹을 수 있어서 가장 무서운 벌레입니다. 주택 점검 전문가들은 집의 사이즈에 따라서 금액을 다르게 책정합니다. 지역마다 다르지만 일반적으로 1천 스퀘어 피트(전용면적 28평) 정도의 2베드룸 집을 사전 점검할 때 수수료가 500달러 정도 발생합니다. 이는 미국의 주나 업체에 따라 달라질 수 있습니다. 주택 사전 점검은 보통 7~15일 정도 걸립니다.

Q. 컨틴전시 리무벌(Contingency Removal)이 무엇인가요?

컨틴전시 리무벌이란 직역하면 '조건 해제'인데요, 미국의 경우 부동산 거래 계약 후 보통 30일 이내이면 계약금을 송금했더라도 거래 과정에서 발생하는 사유들로 인해 계약을 취소할 수 있기 때문에 생기는 조항입니다. 사전에 협의한 기간 이내라면 다양한 사유에 의해 계약을 취소할 수 있습니다. 컨틴전시 리무벌의 유무에 따라서 매수자가 계약을 취소할 때 매도자는 계약금을 돌려주거나 혹은 돌려주지 않을 수 있습니다.

컨틴전시 리무벌에는 주택담보대출 컨틴전시, 감정평가 컨틴전시, 사전점검 컨틴전시 등이 있습니다. 이 중 자주 접할 수 있는 건 사전점검 컨틴전시입니다. 하지만 매도자 우위 시장에서는 많은 매도자가 사전점검 컨틴전시라는 조건을 해제하고 매수하라는 요구를 하기도 합니다. 쉽게 얘기해서 현 주택의 상태 그대로 문제 삼지 않고 이 집을 매수하라는 이야기입니다. 즉 현 조건, 현 상태 그대로 집을 매수해서 매수자가 매수자의 비용으로 알아서 수리, 보수를 하는 조건으로 집을 사라는 이야기입니다.

따라서 지어진 주택을 구매한다면 이런 조건을 매도자가 요구하는지 살펴보고 사전점검을 통해서 예상되는 수리 비용도 주택의 매입 원가로 계산을 해봐야 합니다. 부록3에 나오는 '현상태 조건부 특약계약서(AS IS Condition ADDENDUM)'는 주택을 현재 조건 그대로 매수하겠다는 계약의 별첨 서류입니다.

주택 점검 기관은 부동산의 외관, 골조, 전기 배전, 냉방과 난방, 급수와 배관, 내부 인테리어 등 다양한 세부항목별로 전문적인 설비와 측정기기를 갖고 검사를 시행합니다. 점검이 끝나면 전문가에게 보고서를 받게 됩니다. 이 내용을 토대로 매수자와 매도자의 세부적인 협상이 이뤄집니다. 점검 결과 수리할 부분이 있으면 매도자 측 중개인에게 전달합니다. 이후 매도자가 문제가 된 부분을 수리하게 됩니다. 이때 매수자는 잔금 전 매도자가 수리를 완료했는지 한 번 더 점검해야 합니다.

한국에서는 계약서를 작성한 후 특별한 경우가 아니면 매도자나 매수자가 계약 조건을 수정하지 않습니다. 반면 미국에서는 계약서를 작성한 후 주택 점검을 마치면 계약 조건을 흥정할 수 있습니다.

이런 세부적인 협상은 부록3에 나오는 '수정사항 특약계약서(AMENDMENT)'에 기재합니다. 최종 잔금을 치르기 전 매수자는 매도자가 협상 조건을 다 이행했는지, 문제가 된 부분을 정상적으로 수리했는지 한 번 더 점검합니다. 만약 빠르게 계약을 마무리 짓고 싶은 경우라면 수리는 매수자가 하기로 하고 비용만 매도자에게 받는 경우도 있습니다.

11. 주택담보대출 신청

절차를 순서대로 정리하느라 주택담보대출 신청 절차가 뒤로 밀렸지만, 사실 계약서를 작성하자마자 동시에 대출을 알아봐야 합니다. 대출을 받기 위해 서류를 제출하고 검토하는 데 소요되는 시간은 최소 30일은 잡아야 합니다. 미국은 서브프라임 모기지 사태 이후로 외국인들뿐만 아니라 내국인들에게도 굉장히 까다로운 조건으로 대출 심사를 진행하고 있습니다. 까다롭다고 해서 대출이 나올 사람이 나오지 않는다는 것은 아닙니다. 소득 안정성과 대출이자와 원금을 갚을 능력이 되는지 다양한 서류를 통해 심사합니다.

분양권을 사는 경우에 대출은 보통 완공 6개월 전부터 진행되기 때문에 좀 더 시간적인 여유가 있습니다. 하지만 지어진 집을 사는 경우에는 대출 심사까지 포함해서 45일, 길어야 60일 안에 거래를 마무리 지어야 하기 때문에 시간이 매우 빠듯합니다. 그래서 가능하면 계약서를 쓰자마자 은행의 대출 담당자나 대출 중개사(Loan Broker)에게 연락해서 대출을 진행해야 합니다.

대출 심사를 위한 서류를 은행에 제출하면 대출 담당자와 계리사가 심사를 거쳐서 해당 집을 구매할 때 내가 받을 수 있는 대출 금리, 대출 금액, 대출 조건을 제시합니다. 대출 은행은 이런 조건을 적어서 매수자에게 최종 대출 승인 확인서(Final Loan Approval Letter)를 발행해줍니다. 이 자료는 매도자와 에스크로 회사에도 전달되고 대출 은행은 약속된 잔금일에 부동산 거래를 위해 개설된

○ 최종 대출 승인 확인서 예시

⁄ℎ Bank of Hawaii

Final Loan Approval

July 6, 2022

▨▨▨▨▨▨ :
▨▨▨▨▨▨

Congratulations! We are pleased to inform you that your application for a mortgage loan on the terms set forth has been approved, provided the Loan Outstanding Conditions and terms listed below are satisfied on or before **October 5, 2022**, the expiration date of the Loan Approval.

This loan is to be secured by a Mortgage covering the following real property:
▨▨▨▨▨▨▨▨▨▨▨▨▨▨▨▨▨▨▨▨▨

Customer Information
Applicant(s): ▨▨▨▨

Loan Information

Loan Program:	30 Year 7/6m ARM	Loan Amount:	$ ▨▨▨
Amortization:	ARM	Initial Interest Rate [1]:	2.625 %
Term (Months):	360	Est. Monthly Payment [2]:	$ ▨▨▨
Lock Date:	03/01/2022	Lock Expiration Date:	09/30/2022

[1] The Initial Interest Rate for this loan will be fixed for the first 84 months, but will adjust thereafter based on the Market Index and loan Margin.
[2] The Est. Monthly Payment reflects the Principal and Interest of your loan.

Please refer to your most recent Loan Estimate or Closing Disclosure for related cost and detailed information.

Loan Approval is based upon the information provided in your credit application, your credit, the documents you have provided, and the appraisal of the property. Should any information come to Bank of Hawaii's attention which changes the basis on which your Loan Approval was granted, Bank of Hawaii reserves the right to request additional information and may reconsider Loan Approval.

▨▨▨▨▨▨▨▨▨▨
1. ▨▨▨▨▨▨▨▨▨▨▨▨▨▨▨▨▨▨▨▨▨▨▨

▨▨▨▨▨▨▨
1. ▨▨▨▨▨▨▨▨▨▨▨
2. ▨▨▨▨▨▨▨▨▨▨▨▨▨▨
3. ▨▨▨▨▨▨▨▨▨▨▨▨▨▨▨▨

PO Box 2900 • Honolulu, HI 96846-6000 • Tel 1 (888) 643-3888 • boh.com   Page 1 of 2

출처: 저자 제공

에스크로 계좌로 대출금을 이체할 준비를 합니다.

12. 감정평가

대출을 받게 되면 반드시 대출 은행이 지정하는 감정평가사를 통해 감정평가를 받아야 합니다. 실제 집의 가치가 매매 가격보다 낮게 평가되는 경우에는 생각했던 금액보다 대출이 덜 나올 수 있으니 주의해야 합니다. 이럴 때는 매수자가 자기자본투자금을 더 부담할 수밖에 없습니다. 하지만 보통 새로 분양하는 콘도의 경우 일반적으로 분양가가 주변의 시세보다 낮게 책정됩니다. 따라서 감정평가는 실제 완공 시점의 분양가보다 높거나 비슷하게 나오는 경우도 있습니다.

감정평가 비용은 주택의 종류와 집의 크기에 따라 달라집니다. 저의 경우는 1천 스퀘어 피트, 즉 전용면적 28평 정도의 콘도를 구입했는데 이때 700달러 정도의 감정평가 수수료를 지불했습니다.

13. 공문서 서명, 공증과 아포스티유(Apostille) 확인

다음 단계는 집 문서인 등기문서와 대출약정서 등 주요 서류에 서명을 하는 단계입니다. 더불어 비거주자 외국인의 경우 거주 국가

◦ 아포스티유 신청 시 준비물

분류	준비물
본인 접수	- 아포스티유 신청서 - 아포스티유를 받고자 하는 문서 - 신분증 지참 - 전자수입인지(1건당 1천 원)
대리인 접수	- 아포스티유 신청서 - 아포스티유를 받고자 하는 문서 - 대리인 신분증 지참, 신청인 신분증 사본 - 전자수입인지(1건당 1천 원)
회사 접수	- 아포스티유 신청서(신청서 하단 대행사 명판, 인감 날인) - 아포스티유를 받고자 하는 문서 - 대리인 신분증 지참 - 전자수입인지(1건당 1천 원)
대행사 접수	- 아포스티유 신청서(신청서 하단 대행사 명판, 인감 날인) - 아포스티유를 받고자 하는 문서 - 신청인 신분증 사본 - 대리인 신분증 지참 - 전자수입인지(1건당 1천 원) ※ 대행사 접수 시(여행사, 번역사, 유학원 등 대행업체) 1박 2일 소요
우편 접수	- 아포스티유 신청서(회사 신청 시 신청서 하단 서명란에 회사 명판, 인감 날인, 연락 가능한 전화번호를 필히 기입) - 아포스티유를 받고자 하는 문서 - 신청인 신분증 사본, 대리인 신분증 사본 - 전자수입인지(1건당 1천 원) - 반송 봉투에 우표(등기비용) 부착 후 반송 주소, 우편번호, 수취인명 기입(주소: 서울특별시 서초구 남부순환로 2558 외교타운 6층 외교부 영사민원실 아포스티유 담당자, 우편번호: 06750) ※ 우편 신청은 현재 국내에 한해서만 서비스를 하고 있습니다. 소요 기간은 통상 7일에서 10일 정도입니다(우편 상황, 미비 서류 등으로 연장 가능).

출처: 외교부 홈페이지

에서 공증을 받고 경우에 따라 아포스티유 확인을 받아야 하는 절차까지 추가될 수 있습니다. 대출 은행으로부터 대출을 해주겠다는 최종 심사가 떨어지고 나면 대출 약정서에 서명을 합니다.

그리고 에스크로 회사는 주택 구매 자금 전액이 최종 확정된 경우, 매수자에게 집의 소유권을 넘기기 위해 등기문서, 사전 소유권 보고서(Preliminary Title Report) 등의 문서에 서명할 수 있게 원본 문서를 우편으로, 사본 파일은 이메일로 보냅니다.

이때 문서에 대한 서명도 미국에 직접 방문하지 않고 진행할 수 있습니다. 각종 서류에 서명한 후 주한 미국 대사관이나 공증 협회에 등록된 공증 변호사에게 공증을 받아 미국에 있는 에스크로 회사에 우편으로 보내면 됩니다. 미국 대사관에서는 코로나19 이후 제한된 인원만 사전 예약을 받습니다.

비용은 공증 서류당 50달러 정도 발생합니다. 미국에 방문하지 않는 경우 은행의 대출 약정서에 서명하고, 함께 공증을 받아 한꺼번에 에스크로 회사로 보내면 됩니다.

경우에 따라서는 한국 공증 변호사의 공증만으로 유효하지 않고 아포스티유 공증을 받은 증서까지 첨부해서 보내라고 할 수도 있습니다. 외교부의 설명에 따르면 '아포스티유'는 프랑스어에서 유래했다고 합니다. '추가된 글' '추신'이라는 의미입니다. 한 국가에서 발행한 문서가 다른 국가에서 사용되는 사례가 증가하면서, 문서의 국외 사용을 위한 확인(Legalization)을 해당 국가의 공식 인증 기관에게 받는 절차입니다.

우리나라에서는 외교부와 법무부가 아포스티유 확인 권한기관으로 지정되어 있습니다. 이 기관들은 '아포스티유 협약'에서 규정한 방식에 따라 문서의 관인 또는 서명을 대조하고 발급해줍니다. 일부 에스크로 회사나 대출 금융기관은 본인 확인을 위해 공증뿐만 아니라 아포스티유 확인을 요청합니다. 이렇게 '아포스티유 확인서'가 부착된 공문서는 미국에서도 공문서로서 효력을 인정받을 수 있습니다.

아포스티유 확인을 받는 건 복잡하지 않습니다. 서울특별시 서초구에 소재한 외교센터 빌딩의 영사민원실 아포스티유 담당자를 방문하면 됩니다. 신청하면 당일 접수 및 확인이 가능합니다. 당일 교부를 위해서는 오후 2시 30분까지 접수해야 하며, 접수하는 사람의 신분에 따라 준비물을 구비하면 됩니다. 소요 비용은 문서당 1천 원으로 영사민원실에서 전자수입인지를 구입해서 부착해야 합니다.

14. 부동산 구입의 마지막 단계, 잔금과 등기

미국에서 부동산을 구입하는 마지막 절차는 '클로징'이라고 불리는 과정입니다. 이는 부동산의 소유권이 판매자로부터 구매자에게 넘어가는 거래의 마지막 단계입니다. 즉 잔금을 납부하고, 대출이 실행되고, 이후 등기소에서 소유권이 이전되는 단계가 남게 됩니다.

매수자는 최종 서류 작업과 동시에 계약금, 중도금 외의 잔금과 거래 관련한 부대비용의 합계액을 부동산 거래용 에스크로 계좌로 송금하면 됩니다. 잔금을 치르기 위해서 이체해야 할 총 금액은 에스크로 회사나 클로징 변호사가 '최종 구매자 명세서(Final Buyer's Statement)'라는 문서에 정리해 세부항목별로 안내해줍니다.

매수자가 잔금과 부대비용을 송금하면, 대출 은행은 약속된 잔금일에 에스크로 계좌로 대출금을 이체해줍니다. 이후 에스크로 회사는 부동산 구매대금 전액이 잘 입금되면, 최종 계산과 점검 후 매도자에게 비용이나 세금 등을 제외한 나머지 대금 전액을 송금해줍니다. 또한 잔금과 등기 과정에서 오차로 인해 잔액이 남을 경우 에스크로 회사가 다시 환불해주기도 합니다.

부동산 구매의 길고 복잡한 과정을 거쳐 잔금을 치르고 등기서류에 사인까지 끝나면 에스크로 회사는 소유권 이전을 위한 서류를 미국의 등기소(Bureau of Conveyance)에 기록하고 등록합니다. 등기문서의 사본은 먼저 매수자에게 우편으로 보내주고, 원본은 명의가 이전된 후 6개월 뒤에 보내줍니다.

코로나19 시기에는 등기 원본을 받기까지 1년 가까이 소요되기도 했습니다. 이제는 정말 매도자에게 집 열쇠와 카드를 받는 일만 남았습니다. 잔금을 무사히 잘 치르면 매도자는 집 열쇠, 마스터키, 어메니티 출입 카드, 주차장 리모컨, 창고 열쇠, 우편함 열쇠, 에어컨 리모컨 등을 매수자에게 넘겨줍니다.

지금까지 미국 부동산을 취득하는 절차에 대해 정리해봤습니다. 한국의 부동산 거래와는 법과 절차가 달라 익숙하지 않을 것입니다. 하지만 큰돈이 해외 부동산에 투자되는 만큼 미국 부동산을 구입하기 전에 전체적인 절차와 내용에 대해 반드시 숙지하고 거래해야 합니다.

미국에서 쉽게 집 찾는
질로우(Zillow) 사용 메뉴얼

미국에 집을 사기로 결정했다면 이제 매물을 찾아야 합니다. 믿을 만한 공인중개사가 있다면 조건에 맞는 매물을 받아볼 수도 있을 것입니다. 그런데 직접 매물을 검색하고 찾아 비교한다면 적극적으로 중개사에게 의견을 전달할 수 있을 것입니다. 여기서는 미국의 최대 부동산 검색 포털 사이트 '질로우' 사용법에 대해 소개하겠습니다. 공식 웹사이트(zillow.com)도 있고 애플리케이션도 출시되어 있으니 본인에게 편리한 방식으로 사용하면 됩니다.

STEP 1

웹사이트에 들어가면 아래처럼 홈화면이 나옵니다. 좌측 상단에 매수(Buy), 임대(Rent), 매도(Sell), 주택 대출(Home Loans), 중개사 검색(Agent Finder) 메뉴가 있습니다. 저는 주로 매수할 매물을 찾을 때는 'Buy', 임대할 매물을 찾을 때는 'Rent'를 클릭합니다.

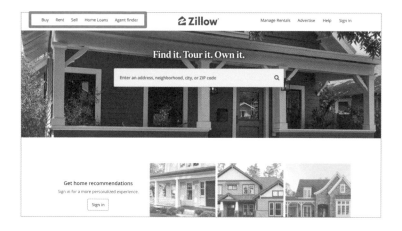

STEP 2

홈화면 중앙 검색창에 지역명을 쳐도 되고, 미국의 우편번호(Zip Code)를 쳐도 됩니다. 저는 우편번호를 넣어보겠습니다. 96814는 글로벌 투자자들이 가장 많은 관심을 갖는 하와이 알라모아나 지역의 우편번호입니다.

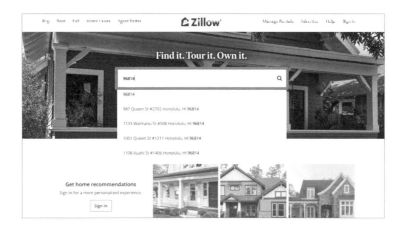

STEP 3

해당 우편번호 또는 지역명의 위치가 지도상에 구역으로 테두리
표시가 됩니다. 그리고 상단에 보면 매물을 찾을 수 있는 일종의
검색 필터가 나옵니다.

첫째 필터는 매매(For Sale), 임대(For Rent), 이미 판매된 매물 (Sold) 실거래가 중 선택할 수 있습니다.

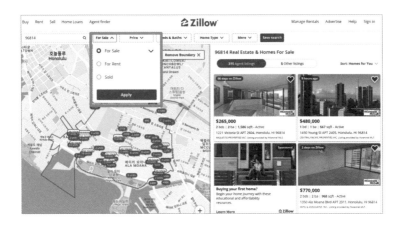

둘째 필터는 금액 범위입니다. 원하는 가격대가 있으면 최소 가 격과 최대 가격을 넣어 검색할 수 있습니다.

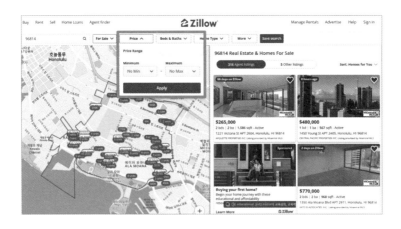

다음으로 집이 원룸인지, 1베드룸, 2베드룸, 3베드룸인지 방 개수에 따라 고를 수 있습니다. 저는 'Use exact match' 버튼을 클릭해 정확히 제가 원하는 방 개수를 넣어서 주로 검색합니다. 그리고 미국 사람들은 개인 프라이버시를 중요시하기 때문에 화장실 개수도 넣어 검색할 수 있습니다.

다음으로 미국 부동산의 유형에 따라서 검색하는 기능입니다. 필터에 나오는 미국 부동산의 유형은 아래와 같습니다.

- 하우스(Houses) : 단독주택
- 타운하우스(Town houses) : 한국의 다세대주택과 유사
- 멀티패밀리(Multi-family) : 멀티유닛, 한국의 다가구주택과 유사
- 콘도/코압(Condos/Co-ops) : 콘도는 한국의 주상복합아파트 또

는 주거용 오피스텔, 코압은 전체 아파트의 일부 지분을 소유하
는 개념

- 랏츠/랜드(Lots/Land): 토지, 땅
- 아파트먼트(Apartment): 정부나 공공기관이 공급하는 임대주택
- 메뉴팩쳐(Manufactured): 공장, 제조시설

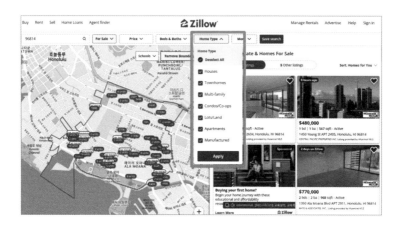

　　추천하는 필터 외에 본인만의 상세 필터를 넣어 검색할 수도 있
습니다. 면적(Square Feet), 준공연도(Year Built), 3D 투어 제공 여부
(Must have 3D Tour) 등 디테일한 검색 조건을 넣어 매물을 찾아볼
수 있습니다. 저는 여기서 주로 준공연도를 많이 사용합니다. 너무
낡은 집은 관리비, 유지·수리 비용이 부담되고 가격이 상대적으로
더디게 오르기 때문입니다. 그래서 주로 준공된 지 10년 이내의 콘
도를 찾는 편입니다.

여러 가지 조건으로 검색해보면 매물들이 점과 개수로 표현되는데요. 관심 콘도 단지로 아주어 알라모아나(Azure Ala Moana)라는 콘도를 선택해봅니다. 해당 단지의 상세 화면으로 들어가면 우측 상단에 세부 메뉴가 나옵니다. 맨 위에 해당 콘도의 위치가 지도상에 표시됩니다.

STEP 4

그다음으로는 해당 단지의 현재 매물이 표시되고, 처음에 '매매'로 들어갔어도 중간에 'For Sale' 아래 화살표를 클릭하면 'For Rent' 임대 매물도 조회할 수가 있습니다. 현재 나와 있거나 최근에 거래된 매물 목록이 조회됩니다. 매물의 대표 사진과 가격, 방 개수, 화

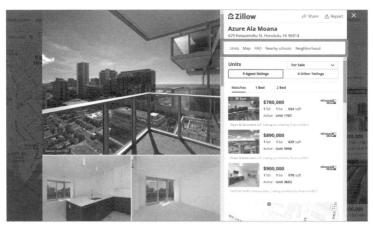

장실 개수, 면적 그리고 현재 매매 진행 상황, 동호수까지 정확하게 나옵니다. 한국의 경우 동호수를 정확히 노출하지 않는데 미국은 동호수를 정확하게 표시해야 매물을 올릴 수 있습니다. 보다 정확하게 매물이 마켓에 나온 지 얼마나 경과했는지 그리고 매도자가 요구하는 호가(Asking Price) 변동 히스토리도 추적이 가능해서 매

수자 입장에서 협상을 하기 유리한 정보를 제공해줍니다.

여기서 가장 생소한 점이 2가지인데 바로 면적과 진행 상태입니다. 미국은 '평방 피트(Square Feet)'로 면적 단위를 사용합니다. 한국의 제곱미터나 평 단위와 달라 헷갈릴 수 있습니다.

1천 평방 피트 = 28평

평방 피트는 위와 같이 외우는 게 제일 쉽습니다. 여기서 주의해야 할 점은 미국은 모두 전용면적으로 이야기한다는 점입니다. 특히 하와이의 경우 '발코니'는 내부 전용면적과 별도로 꼭 표기를 해줍니다.

그리고 진행 상태를 나타내는 표시로 Active, In Escrow Showing, In Escrow not Showing, Sold가 있습니다. Active는 현재 판매 중

이라는 뜻이고, Sold는 판매되어 잔금까지 다 치른 상태입니다. In Escrow Showing은 해당 매물에 매수자가 있어서 계약 진행 중인 상태이지만 아직은 사진을 질로우에서 볼 수 있는 상태입니다. In Escrow not Showing은 계약 중인데 질로우에서 해당 매물의 사진을 볼 수 없는 상태로 다양한 상황에서 표시될 수 있습니다. 예를 들어 계약에 들어갔지만 매도자나 매수자의 사정으로 인해 일반적인 계약기간보다 시간이 걸리고 있을 때, 또는 매도자와 매수자 간에 빠른 계약이 이루어질 때에도 표시될 수 있습니다.

그다음으로는 해당 지역 및 부동산에 대해서 가장 많이 문의하는 질문사항을 FAQ에서 보여줍니다. 그리고 주변의 국공립 학군 정보를 보여주고 미국 국공립 학교의 점수를 알려주는 서비스인 GreatSchools의 링크도 연동되어 있습니다. 해당 매물 주변에 유사한 다른 매물을 추천해서 알려주기도 합니다.

STEP 5

특정 매물로 들어가겠습니다. 가장 중요한 정보가 상단에 표시되는데요. 가격, 방 개수, 화장실 개수, 면적, 상세 주소, 진행 상태 등이 표시됩니다. 그리고 이 집을 샀을 때 예상되는 월 유지 비용 예측치를 계산해서 보여주지만 정확하지 않으니 참고만 해야 합니다. 미국인들은 대부분 집을 살 때 자기자본투자금을 20% 냅니다. 나머지 80%는 대출로 충당하는 것이죠. 이 부분에서는 이런 가정 하에 원금과 이자, 관리비, 재산세 등을 합산해서 계산해줍니다.

다음으로 해당 매물에 대한 개요 정보입니다. 질로우에 매물이 올라온 지 얼마나 됐는지 공개해줍니다. 해당 매물의 공인중개사 정보도 알려줍니다. 상단의 파란색 메뉴를 클릭하면 방문 가능한 시간 약속도 잡을 수 있고 공인중개사에게 직접 연락도 할 수 있습

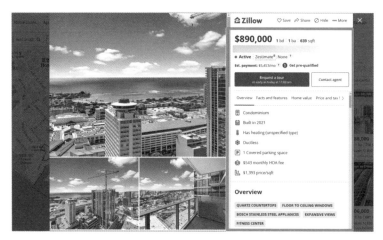

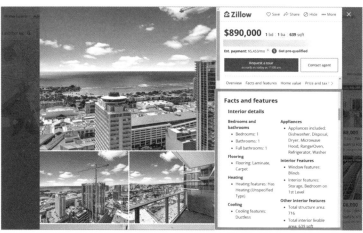

니다. 미국과 한국의 부동산 문화가 다른 점은 한국은 집을 구하거
나 매도할 때 여러 명의 중개사에게 내놓을 수 있는데 미국은 1명
의 중개사를 지정해서 매도를 해야 한다는 점입니다.

　해당 콘도에 대해 알려줘야 하는 특징들에 대해서 정보도 제공
해줍니다. 부동산에 대한 상세 정보들이 나오는데 한국보다 정말

많은 정보를 공개하고 있습니다. 기본적인 방과 화장실 개수는 물론 가전, 가구에 대한 정보, 바닥 마감재, 냉난방 설비, 새시(창틀)의 형태, 창고의 유무 등 상세합니다.

주차장에 대한 설명도 자세하게 알려줍니다. 그리고 중요한 것은 'Land Tenure'입니다. 소유권의 종류에 대한 내용인데요. 이 매물은 '피심플'로 가장 완전한 소유권의 형태입니다. 준공에 대한 정보도 알 수 있습니다. 이 매물은 콘도 형태이고 준공연도는 2021년입니다. 또 단지 내 커뮤니티 시설(어메니티)이 무엇이 있는지 콘도 관리비가 얼마 정도 나오는지 체크해야 합니다.

그뿐만 아니라 해당 부동산 매물의 호가 변동 히스토리도 나옵니다. 가격을 깎았는지 올렸는지도 알 수 있습니다. 만약 가격을 깎았다면 매도자가 그만큼 사정이 급하다고 예상할 수 있습니다.

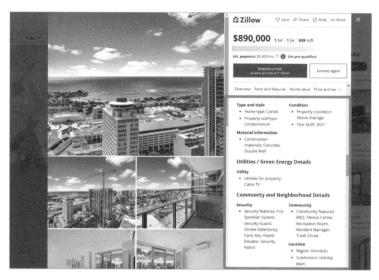

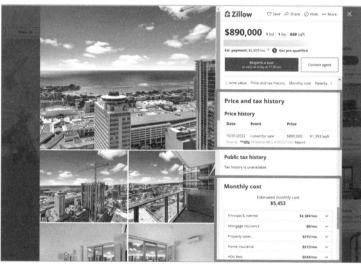

이런 히스토리를 모두 공개해주는 것이 매수자 입장에서는 협상에
유리한 정보라고 할 수 있습니다. 그리고 예상되는 매달 유지 비용

을 계산해서 알려줍니다. 원리금 상환액, 재산세, 보험료, 관리비 등의 상세 계산 내역도 알려줍니다. 원리금 상환액도 본인이 원하는 대출액과 예상 금리를 넣으면 계산이 됩니다.

해외 부동산 취득 신고, 송금, 관리 보고 절차

해외 부동산 취득을 위한 신고, 송금 절차와 방법

해외 부동산에 관해 발생된 소득에 대해 세무 신고·납부 절차가 있습니다. 국내 거주자가 주거 이외 목적으로 해외 부동산을 취득하거나, 거주자 본인 또는 배우자가 해외에서 체류할 목적으로 주거용 주택을 취득하거나 해외 부동산을 임차하는 경우(보증금 1만 달러 초과) '지정거래외국환은행장' 앞으로 신고해야 합니다. 여기서 '지정거래외국환은행장'이라는 말이 어렵게 느껴질 것입니다. 쉽게 말하면 개인의 경우 주거래 은행의 은행장을 말하는 것이고, 법

182

인의 경우 주채무 은행의 은행장을 말하는 것입니다.

신고·수리 의무가 있는 대상은 한국의 국민인 거주자(개인과 국내 기업 포함)이며 자격 요건은 신용불량자, 조세체납자가 아니어야 합니다. 그리고 해외 부동산의 취득 금액은 현지 금융기관 및 감정기관 등에서 부동산 거래와 관련된 문서를 검토한 뒤 적정하다고 인정하는 수준이어야 합니다. 이런 이유로 해외 부동산 취득 신고·수리를 할 때 해외 부동산의 감정평가서나 분양 가격표를 제출하도록 하고 있습니다.

또한 해당 부동산 취득이 거주자의 해외 사업활동이나 거주 목적 등 실제 사용 목적과 신고 목적이 일치해야 합니다. 한국인 거주자가 해외 부동산을 취득할 때 신고 대상 부동산은 다음과 같습니다.

- 거주 목적: 거주자 본인 또는 거주자의 배우자가 해외에서 체재할 목적의 주거용 주택을 취득하는 경우
- 투자 목적: 거주자가 해외에서 단순 보유 또는 투자 목적의 부동산을 취득하는 경우(건물, 상가, 토지, 주택 등)
- 부동산 임차: 거주자가 외국에 있는 부동산을 임차하는 경우(임차 보증금이 1만 달러 초과인 경우에 한함)

해외 부동산을 구매하기로 마음먹고 부동산 매수를 위한 계약을 하면 국내에서 외국으로 계약금부터 송금해야 합니다. 이런 해

외 부동산 취득을 위해 외국환을 송금하기 전에 사전에 진행해야 할 은행 절차로는 해외 부동산 취득 신고·수리가 있습니다. 이는 정부의 관련 부서가 외국환 거래가 가능한 국내 은행 전 영업점에 업무를 위임했기 때문에 외국환 거래를 하는 시중 은행의 지점 어디든지 방문해 진행할 수 있습니다.

개인의 경우 주거래 은행에서 보통 처리할 수 있고, 법인의 경우 주채무 은행에서 처리가 가능합니다. 해외 부동산에 대한 취득 신고·수리는 개인이나 법인의 외국환 거래를 담당하는 거래 은행 한 곳만 지정해 거래해야 하고, 해외 부동산을 살 때 자금의 송금부터 향후에 발생하는 사후관리까지 해당 지정거래외국환은행을 통해 진행해야 합니다.

해외 부동산 취득 시 지정거래외국환은행에 제출해야 하는 서류는 은행마다 비슷하지만 담당자에 따라 추가 서류를 요구하기도 합니다. 따라서 주거래 은행에 방문해서 필요 서류를 미리 받아보는 것이 좋습니다.

① 거래외국환은행 지정 신청서

② 해외 부동산 취득 신고(수리)서

③ 부동산매매계약서 또는 분양계약서

④ 부동산 감정평가서 또는 시세 입증 서류

⑤ 부동산등기부등본 및 부동산 실체 확인 서류

⑥ 신청인 및 거래(계약)상대방의 실체 확인 서류

⑦ 납세증명서

⑧ 주민등록등본(신고수리 신청일로부터 과거 3영업일 이내 발급분)

⑨ 신고인의 실명확인증표 또는 신분증

제출해야 하는 서류 중에서 ⑦~⑨번을 제외하고 보다 자세하게 설명하겠습니다. ①번의 경우 앞에서 설명한 대로 부동산 구매 방식과 목적에 따라서 해당하는 항목을 체크해서 제출하면 됩니다. ②번의 경우 뒤에 나오는 '제출 서류 작성 방법'을 참고하도록 합니다. ③번은 완공된 집의 경우 부동산 매매계약서 또는 분양 중인 집의 경우 분양계약서를 제출하면 됩니다.

④번의 경우 완공된 집은 전문 감정평가사에게 감정을 의뢰해 받은 감정서를 제출해야 합니다. 미국에서 주택담보대출을 받기 위해서 감정평가서는 제출해야 하는 필수 서류입니다. 준공 전 미리 분양 중인 집은 감정평가를 할 대상 자체가 없기 때문에 시행사나 분양하는 중개법인에게 받은 공식적인 분양가격표(Price List)를 요청해서 제출하면 됩니다. 분양가격표에는 내가 계약하려는 집의 주소, 동호수와 가격, 면적 그리고 유사한 다른 호수의 가격도 함께 나와 있어야 합니다. 일부 은행 담당자의 경우 해당 분양가격표가 공식 서류라는 개발사의 서명을 요구하기도 합니다.

⑤번의 경우 해당 부동산이 해외에 실제로 존재하는지, 신고인이 신고한 내용과 부동산의 취득 목적, 부동산의 형태가 서로 맞는지 확인하기 위해 요구하는 자료입니다. 이미 완공되어 등기가

된 집의 경우 해당 부동산의 등기 문서를 요청해서 제출할 수 있습니다. 분양 중인 콘도의 경우 보통 개발사가 콘도와 관련된 다양한 서류를 소비자에게 고시하고 제공할 의무가 있습니다. 이 경우 개발사 또는 중개사에게 콘도 관련 문서 중 'Declaration of Condominium Property'라는 인허가 신고 서류를 요청합니다. 해당 서류를 보면 개발될 토지의 위치를 기술한 부분과 각 동호수의 방과 화장실 개수, 면적, 대지 지분율, 지정 주차장 번호 등이 명시된 세대별 개발 계획표를 찾을 수 있습니다. 이 내용을 발췌해 제출하면 됩니다.

⑥번의 경우 매도자가 일반적인 미국의 개인이라면 계약서의 이름을 확인할 수 있는 등기부등본을 받아서 제출하면 됩니다. 상대방이 법인이나 LLC라면 거래 상대방 또는 개발사의 법인등기부등본 또는 사업자등록증을 제출해야 합니다. 분양 중인 콘도의 경우 콘도 개발 프로젝트는 개발사가 전국적으로 여러 개의 프로젝트를 진행하기 때문에 LLC의 형태를 취한 경우가 많습니다. 그래서 공인중개사에게 요청해 미국의 각 주정부에서 발행하고 인정하는 사업자등록증을 받아서 제출하면 됩니다.

다음 페이지의 도표와 같이 국내 거주자가 해외 부동산을 취득하려면 송금 전에 신고를 해야 합니다. 그리고 부동산의 경우 취득 대금 송금 이후 3개월 내에 취득 보고서를 제출해야 합니다. 또한 2년마다 보유, 임대, 처분에 대한 보고를 할 의무가 있습니다. 만약 부동산을 처분하게 되면 처분한 날이 속한 달의 말일부터 2개월

○ **해외 직접 투자**(해외 부동산 취득) **시 단계별 이행의무**

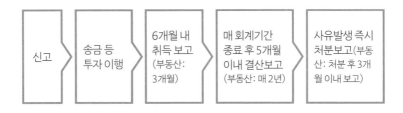

이내에 보고해야 합니다.

제출 서류 작성 방법

---

1. 거래외국환은행지정신청서

거래외국환은행지정신청서를 보면 어떤 목적으로 외국환을 해외로 송금하는지 선택하게 되어 있고, 이 업무를 진행하기 위해 외국환거래은행을 지정하도록 되어 있습니다. 외국환을 송금하는 목적은 매우 다양합니다. 거주자 개인이 해외 부동산을 직접 취득하는 경우 78번의 '거주자의 해외 부동산의 취득 및 매각'을 선택하면 됩니다. 개인이나 국내 기업이 해외에 법인을 설립해서 해외 부동산을 취득하려는 경우 59번의 '해외직접투자를 하고자 하는 자'를 선택하면 됩니다.

° **거래외국환은행 지정(변경) 신청서**

〈지침서식 제1-2호〉

거래외국환은행 지정(변경) 신청서

지정인 성명(상호) :　　　　　(인)　　　주민등록번호(사업자등록번호) :
　　　주 소 :　　　　　　　　　　　　　전화번호 :
대리인 성명 :　　　　　　　(인)　　　주민등록번호(사업자등록번호) :
　　　주 소 :　　　　　　　　　　　　　전화번호 :
(해외교포여신취급국외금융기관명 :　　　　　　　　　　　　　　)
아래 항목에 대하여 귀행을 거래 외국환은행으로 지정(변경)하고자 하오니 확인하여 주시기 바랍니다.

거 래 항 목	거 래 항 목
( ) 1. 거주자의 지급증빙서류 미제출 지급(연간 미화 5만불 이내 자본거래 신고예외 포함) (제4-3조제1항제1호, 제7-2조제8호) — 금년 중 송금누계액(변경전 거래 외국환은행의 확인) : US$	( ) 57. 해외교포 등에 대한 여신 관련 원리금 상환 보증, 담보제공 등(제7-18조제3항)
	( ) 59. 해외직접투자를 하고자 하는 자(제9-5조)
	( ) 61. 거주자의 해외예금(제7-11조제2항)
	( ) 62. 비거주자의 국내증권 발행
( ) 2. 해외체재비(제4-5조제2항)	(제7장 제5절 제2관)
( ) 8. 외국인 또는 비거주자의 국내보수, 소득 또는 연금 등의 금액 지급 및 연간 미화5만불 이하의 지급(제4-4조제1항 제3호, 제2항)	( ) 63. 재외동포 국내재산반출(제4-7조)
	( ) 71. 거주자의 외화자금(외국인 투자기업의 단기 외화자금 포함) 차입 및 처분(제7-14조)
( ) 9. 거주자 등의 대북투자 (재경원고시 1995-23. 95.6.28)	( ) 72. 북한에 관광비용을 지급할 관광사업자 (재정부 고시 외관 41271-270.98.11.12)
( ) 13. 현지금융을 받고자 하는 자 등(제8-2조)	( ) 75. 해외이주비(제4-6조)
( ) 14. 해외지사 설치, 영업기금, 설치비, 유지 활동비 지급 및 사후관리(제9장제2절)	( ) 76. 거주자의 자금통합관리(제7-2조)
	( ) 77. 거주자의 원화자금 차입 및 처분(제7-15조)
( ) 16. 환전영업자(제3-2조제4항)	( ) 78. 거주자의 해외 부동산의 취득 및 매각 (제9-39조제2항)
( ) 32. 국내지사의 설치 영업자금 도입 및 영업수익 대외송금(제9장 제3절)	( ) 79. 거주자의 연간 미화 5만불 이하 자본거래 영수 (제7-2조제9호)
( ) 33. 상호계산 실시업체(제5-5조)	
( ) 53. 거주자의 외화증권발행(제7-22조제2항)	

변경전 지정거래외국환은행의 경유확인		은행　　　　　장(인)
위 신청을 지정(변경지정) 확인함 은행부(점)장(인)	지정확인번호	
	지 정 일 자	20　　.

출처 : 전국은행연합회

2. 해외 부동산 취득 신고(수리)서

1) 취득인

해외 부동산을 취득하려는 자의 성명, 주민등록번호 또는 사업자등록번호, 주소와 전화번호를 기재합니다. 개인의 경우 해외 부동산을 취득하는 명의자 기준으로 작성하면 되며 한국의 법인이 해외 부동산을 직접 취득하는 경우 법인명, 사업자등록번호, 본점 주소지 등을 작성합니다.

2) 취득상대방

부동산 매매계약의 상대방, 즉 매도자, 양도자 등 취득 상대방의 정보를 기입해야 합니다. 부동산 계약서상에 기재된 거래 상대방의 성명, 전화번호, 주소를 기재합니다. 만약 부동산 거래의 상대방이 개인이 아니라 개발사 등 법인인 경우에도 계약서상에 명시된 거래 상대방의 법인명, 전화번호, 주소를 기입하면 됩니다.

3) 부동산의 종류

신고인이 취득하려는 부동산의 종류를 세부적으로 기재합니다. 주택을 구입하려는 것인지, 토지 또는 상가를 사려는 것인지 해당 항목에 체크합니다. 또는 공장이나 창고 등 기타 부동산을 사는 경우 기타를 선택하고 어떤 유형의 부동산인지 작성합니다.

4) 취득 목적

한국 거주자나 법인이 해외 부동산을 구입하는 경우 취득 목적은 주거, 주거 이외, 임차가 있습니다. 한국의 거주자가 투자 목적으로 해외 부동산을 구입하는 것은 주거가 아닌 '주거 이외(투자 등)'

◦ 해외 부동산 취득 신고(수리)서

〈지침서식 제9-26호〉

<table>
<tr><td colspan="4" align="center">해외 부동산 취득 신고(수리)서</td><td colspan="2">처리기간</td></tr>
<tr><td colspan="4" align="center">(□ 본신고   □ 내신고)</td><td colspan="2"></td></tr>
</table>

신청인	성 명(법 인 명)		(인)	주민(사업자)등록번호	
	주 소(소재지)	(주소)			
		(전화번호)		(e-mail)	
	업 종(직업)				

	①	취 득 인	(성명)		(주민/사업자등록번호)
			(주소)		(전화번호)
	②	취 득 상 대 방	(성명)		(전화번호)
			(주소)		
신청내역	③	부 동 산 의 종 류	□ 주택 □ 토지 □ 상가 □ 기타( )		
	④	취 득 목 적	□ 주거 □ 주거이외(투자 등) □ 임차(임차기간 : . . ~ . . .)		
	⑤	소 재 지			
	⑥	면 적			

		취 득 가 액		현지통화	미달러 환산액
		총취득금액(A = B + C)			
⑦	국내 송금액(B)	취득자금 국내송금액			
		모기지론(원리금상환송금예정금액)			
⑧	현지조달액 (C)	모기지론(원리금상환현지조달금액)			
		기 타 :( )			
⑨	취득자금수취인	수 취 인 명			
		신고인과의 관계	□중개인 □본인 □배우자 □기타		

외국환거래법 제18조의 규정에 의하여 위와 같이 신고합니다.

년 월 일

지정거래외국환은행의 장 귀하

신청(신고)인 귀하	신고(수리)번호	
위의 신고를 다음과 같이 신고수리함	신고(수리)금액	
	유 효 기 간	

신고수리 조건 : 사후관리서류를 기일내에 제출할 것

년 월 일

신고수리 기관 :   (인)

210㎜×297㎜

〈첨부서류〉

1. 부동산매매(임대차) 계약서   2. 부동산감정서   3. 기타 부동산 취득신고수리시 필요한 서류

출처: 전국은행연합회

로 선택해야 합니다.

5) 소재지

취득신고인이 취득하고자 하는 대상 부동산의 소재지, 주소를 정확히 기재합니다.

6) 면적

취득 대상 부동산의 전용면적을 제곱미터로 환산해서 기재합니다. 콘도의 경우 부대시설이나 발코니와 같은 공용면적은 제외하고 작성해야 합니다.

7) 국내 송금액

해당 부동산을 취득함에 있어 필요한 비용의 총액 중에서 국내에서 취득인이 송금하고자 하는 금액을 '취득자금 국내 송금액'에 작성합니다. 국내 송금액의 모기지론(원리금상환송금예정액) 부분에는 모기지론 금액 중 국내에서 송금해 상환하고자 하는 금액을 작성합니다. 만약 해외에서 근로소득이나 임대소득이 없어서 매월 모기지론 원리금상환액을 송금해야 한다면 해당 금액을 기재합니다. 여기서 신고 절차의 편의를 위한 팁 하나가 있습니다.

분양권의 경우 잔금을 치르는 시점에 대출을 받아도 '국내 송금액'을 주택 구입대금 '전액'으로 작성하는 게 좋습니다. 향후 주택담보대출을 받는 시점에 취득가액과 관련해 '변경사항 및 변경사유'를 다시 첨부하면 됩니다. 이때 지정거래외국환은행을 통해 변경된 내용을 신고합니다. 왜냐하면 현지조달액 중 모기지론에 해당하는 금액은 준공 시점에 결정되기 때문입니다.

계약을 진행하는 시점에는 현지 모기지론 금액을 알 수 없습니다. 또한 대출금액을 예상금액이나 희망하는 금액으로 작성하면, 십중팔구 현지 대출서류를 증빙으로 제출하라고 요청받게 됩니다. 따라서 계약금을 보내는 시점에는 국내 송금액에 부동산 구입대금 전액을 기재하고, 향후 실제 대출금액이 확정되면 변경 수정 신고를 하는 게 편리합니다.

또한 국내 거주자가 해외 부동산을 담보로 현지 금융기관에서 대출을 받을 경우, 해외 금융기관이나 비거주자와의 금전대차계약에 따른 신고 의무는 면제됩니다. 그래서 해외 부동산 취득 신고만 하면 됩니다. 이때 해외 부동산 취득 신고(수리)서에 현지조달액 및 현지금융기관 정보를 기재하면 됩니다.

8) 현지조달액

해당 부동산을 취득할 때 해외 현지 대출 기관으로부터 담보대출을 받고 이 모기지론의 원리금 중 현지 급여소득이나 임대소득 등으로 상환하고자 하는 경우 현지조달액의 모기지론에 해당하는 금액을 기재합니다.

현지조달액 중 '기타'의 경우 과거 외국환은행을 통해 취득 보유가 인정된 자금 혹은 소득 금액이어야 합니다. 더불어 대출을 받아서 해외 부동산을 구입하는 경우 첨부서류로 대출약정서를 제출해야 합니다. 잔금을 치를 때 현지 금융기관에서 받은 서류를 준비하면 됩니다. 또한 '해외 부동산 취득 신고(수리)서'를 작성해서 제출한 후 취득가액과 관련해서 변경(국내에서 추가로 송금을 해 현지 대출이 감액되는 경우 등)이 일어나는 경우, 변경 사항 및 변경 사유를 다시 첨부해 지정거래외국환은행을 통해서 변경된 내용을 신고해야 합니다.

9) 취득자금 수취인

취득자금을 송금할 때 돈을 받는 상대방의 계좌가 본인이나 배우자의 계좌인 경우 '본인 또는 배우자'를 선택합니다. 한국에서 해외의 본인이나 배우자 계좌를 거치지 않고 직접 거래대금을 송금할 때는 보통 에스크로 회사 명의의 계좌에 입금합니다. 따라서 부동산 거래를 위해 오픈한 에스크로 회사명을 작성하고 신고인과의 관계에는 '기타'로 체크합니다.

이렇게 '거래외국환은행 지정(변경) 신청서'와 '해외 부동산 취득 신고(수리)서'를 제출하면 취득 전 해야 하는 보고서 제출 의무는 완료됩니다. 이제 해외 부동산을 취득한 뒤 사후 관리 보고를 해야 하는 일만 남았습니다. 해외 부동산을 취득한 자는 외국환거래규정 제9-40조에 따라 아래 보고서를 해당 기간 내에 제출해야 합니다.

- 해외 부동산 취득 보고서: 부동산 취득자금 송금 후 3개월 이내
- 해외 부동산 처분(변경)보고서: 부동산 처분(변경) 후 3개월 이내
  (3개월 이내에 처분대금 수령 시 수령시점)
- 수시보고서: 매 2년마다 보유사실 입증서류(부동산 등기부등본, 재산세 납부내역서 등 제출)

3. 해외 부동산 취득 보고서

해외 부동산 취득 보고서는 부동산 취득대금 송금 후 3개월 이내
에 제출해야 합니다.

1) 부동산 취득 명의인

'해외 부동산 취득 신고(수리)서'의 '취득인' 부분에 기재했던 개인
은 취득인의 성명, 주민등록번호, 주소를 기재하고 법인은 법인명,
사업자등록번호, 본점 소재지를 작성합니다.

2) 취득인 공동명의인

보통 한국 거주자가 해외 부동산을 취득할 때 주거용 부동산인
경우에만 공동명의로 취득이 가능합니다. 투자용 부동산인 경우
단독명의만 가능하기 때문에 주거 목적이 아닌 한국 거주자의 투
자용 해외 부동산은 이 부분을 작성할 필요가 없습니다.

3) 취득의 상대방

'해외 부동산 취득 신고(수리)서'에 작성했던 취득 상대방, 즉 부
동산 매매계약서상의 매도자의 정보 또는 개발 중인 집의 경우 개
발사의 정보를 기재합니다.

4) 부동산 취득 내용

가. 신고수리에 관한 사항

(1) 부동산 취득 신고수리일 및 신고수리번호: '해외 부동산 취
득 신고(수리)서'를 제출하게 되면 하단에 은행에서 발급해준
신고수리번호가 기재되어 있습니다. 해당 수리서의 신고수

○ 해외 부동산 취득 보고서

<지침서식 제9-28호>

해외 부동산 취득 보고서
(신고인 :   전화 :   )

① 1. 부동산 취득 명의인 :
　　가. 성명 또는 법인명 :
　　나. 주민등록번호(사업자등록번호) :
　　다. 주소 또는 소재지 :

② 2. 부동산 취득 공동명의인
　　가. 성명 또는 법인명 :
　　나. 주민등록번호(사업자등록번호) :
　　다. 주소 또는 소재지 :

③ 3. 취득의 상대방
　　가. 상호 또는 성명 :
　　나. 주소 또는 소재지 :

④ 4. 부동산 취득 내용
　　가. 신고수리에 관한 사항 :
　　　(1) 부동산취득 신고수리일 및 신고수리번호 :
　　　(2) 부동산 취득 등기일 :
　　나. 부동산의 내용
　　　(1) 내역
　　　　(가) 종　류 :
　　　　(나) 건　평 :
　　　　(다) 대　지 :
　　　(2) 소재지 :
　　　(3) 취득가액
　　　　(가) 건물가격 :
　　　　(나) 대지가격 :
　　　　(다) 부 대 비 :
　　　(4) 부동산 관리자
　　　　(가) 주　　소 :
　　　　(나) 성　　명 :
　　　　(다) 취득자와의 관계 :

　5. 기　　타

　6. 첨부서류
　　가. 등기부등본 등 취득 입증서류(부동산 소유권 취득에 한함)
　　나. 부대비 영수증(부동산 취득세 납부증명 포함)
　　다. 기　　타

※ 본 보고서는 부동산 취득자금 송금후 3개월 이내에 제출할 것

- 220 -

출처: 전국은행인연합회

리일과 신고수리번호를 적습니다.

(2) 부동산 취득 등기일: 미국 등기소에 명의 이전 업무를 대행하는 에스크로사나 변호사가 부동산 거래가 끝나면 등기 문서 사본을 먼저 보내주는데 이 서류에 등기일이 적혀 있습니다.

나. 부동산의 내용

(1) 내역

- 종류: '해외 부동산 취득 신고(수리)서'에 신고했던 내용과 동일하게 부동산의 종류를 기재합니다. 주택, 토지, 상가, 기타 부동산 중 어떤 유형의 부동산인지 작성하면 됩니다.

- 건평: 구매하고자 하는 부동산의 건축면적의 전용면적을 제곱미터로 환산해서 작성합니다. 건축면적은 대지를 덮고 있는 건축물의 그림자에 대한 면적을 말합니다.

- 대지: 구매하고자 하는 부동산의 대지면적을 기재합니다. 콘도나 타운하우스와 같은 경우 감정평가서 또는 콘도의 인허가 서류 중 'Declaration'이라는 서류에 전체 대지면적과 각 호수의 지분율이 나와 있으므로 이를 곱해서 산출할 수 있습니다.

(2) 소재지

'해외 부동산 취득 신고(수리)서'에 신고했던 내용과 동일하게 부동산의 소재지를 기재합니다.

(3) 취득가액

취득하는 부동산이 건물과 토지를 모두 포함하는 경우 감정평가사 및 중개사에게 건물 가격과 대지 가격을 각각 구분해서 확인해달라고 요청해서 기재하면 됩니다. 보통 해외 부동산 취득을 위해 송금할 때 제출한 감정평가서에 건물 가격과 대지 가격이 적혀 있습니다. 또한 부대비용은 부동산 거래와 관련해서 발생한 각종 수수료, 세금, 신청비(에스크로 수수료, 감정평가 수수료, 명의 이전세 등) 등을 취득 관련 부대비용으로 취득가액에 추가할 수 있습니다.

(4) 부동산 관리자

해외 부동산의 자산 관리자를 고용한 경우 해당 담당자의 정보를 기재하면 됩니다. 만약 관리자를 고용하지 않았다면 매수했던 부동산의 공인중개사 정보를 기재하면 됩니다.

4. 해외 부동산 처분(변경) 보고서

1) 처분(변경)전 부동산 명의인

'해외 부동산 취득 보고서'의 취득인 부분에 기재했던 개인의 경우는 취득인의 성명, 주민등록번호, 주소를 기재하고 법인의 경우는 법인명, 사업자등록번호, 본점 소재지를 작성합니다.

2) 부동산 취득 공동명의인

보통 한국 거주자가 해외 부동산을 취득할 때 주거용 부동산인 경우에만 공동명의로 취득이 가능합니다. 투자용 부동산인 경우 단독명의만 가능하기 때문에 주거 목적이 아닌 한국 거주자의 투자용 해외 부동산은 이 부분을 작성할 필요가 없습니다.

3) 처분(변경) 해외부동산의 내용

가. 부동산 명세: 해당 부동산의 종류(주택, 토지, 상가, 기타 중), 처

○ 해외 부동산 처분(변경) 보고서

<지침서식 제9-29호>

해외 부동산 처분(변경) 보고서
(신고인 :   전화 :   )

① 1. 처분(변경)전 부동산 명의인 :
　　　가. 성명 또는 법인명 :
　　　나. 주민등록번호(사업자등록번호) :
　　　다. 주소 또는 소재지 :

② 2. 부동산 취득 공동명의인
　　　가. 성명 또는 법인명 :
　　　나. 주민등록번호(사업자등록번호) :
　　　다. 주소 또는 소재지 :

③ 3. 처분(변경) 해외부동산의 내용

　　　가. 부동산의 명세(종류, 수량, 가격 등) :

　　　나. 부동산의 소재지 :

④ 4. 해외부동산 처분내용

　　　가. 부동산 처분 등기일 :
　　　나. 처분가격 :
　　　다. 기타 지급비용 :
　　　라. 국내 회수금액 :
　　　마. 국내 회수금액 수취인 성명(주민등록번호) :　　　　　(　　　　　　　　)
　　　바. 신고인과 국내 회수금액 수취인과의 관계 :

　　5. 해외부동산 변경내용 :

　　6. 첨부서류
　　　가. 부동산 매매 계약서(부동산 소유권 처분에 한함)
　　　나. 부동산 등기부등본(부동산 소유권 처분에 한함)
　　　다. 기타 지급비용 명세서

　※ 1) 본 보고서는 당해 부동산의 처분(변경)후 3개월 이내(3개월 이내에 처분대금 수령시
　　　　 수령 시점)에 제출할 것
　　 2) 본 보고서 제출시 부동산 매각대금(국내 회수금액)에 대한 외국환은행의 외환매입
　　　　 증명서(송금처 명기)를 첨부할 것

출처: 전국은행인연합회

분(변경)한 부동산의 개수, 처분 대상 부동산의 취득가액, 감정평가 가액 등을 기재합니다.

나. 부동산 소재지: 해당 부동산의 주소를 기재합니다.

4) 해외부동산 처분내용

가. 부동산 처분 등기일: 해당 부동산을 처분한 뒤 매수자에게 소유권이 이전된 날짜를 기재합니다.

나. 처분가격: 부동산 매매계약서상의 부동산 매각대금을 기재합니다.

다. 기타 지급비용: 부동산 중개사 수수료, 에스크로 수수료, 미국에서 발생한 양도소득세 또는 원천징수액, 모기지 상환원리금, 명의 이전비 등 부동산 처분을 위해 직접적으로 발생한 지급 수수료 및 세금 등의 비용을 기재합니다.

라. 국내 회수금액: 부동산 처분 가격에서 미국에서 발생한 비용, 세금, 모기지 상환원리금 등을 제외하고 국내에서 회수할 대상의 금액을 기재합니다.

마. 국내 회수금액 수취인 성명(주민등록번호): 부동산 매각대금을 수취한 국내 거주자의 주민등록번호를 작성합니다.

바. 신고인과 국내 회수금액 수취인과의 관계: '마'의 국내 회수금액 수취인과 해외 부동산 소유권자와의 관계를 작성합니다.

한 번에 끝내는
미국 부동산 구매 비용

취등록세와 부동산 중개수수료가 없지만

미국은 한국과 달리 집을 살 때 취등록세와 부동산 중개수수료를 내지 않습니다. 취등록세의 경우 뉴욕주를 제외하고는 발생하지 않으며 부동산 중개수수료는 매도자가 매수자의 비용까지 모두 부담합니다. 한국에서 집을 살 때 집값 외에 발생하는 가장 큰 비용인 2가지가 없는 셈입니다. 하지만 미국에서 집을 살 때는 집값의 2~3% 정도 각종 수수료와 비용이 발생합니다.

◦ **미국에서 집을 살 때 드는 비용**(예시)

구분	설명	금액(USD)
Title insurance	소유권 보험	1,800
Maintenance Fees(2 months)	2개월치 관리비	1,600
Start-up Fee	콘도 HOA 설립비	2,400
Escrow Fee	에스크로 수수료	1,400
Recording/Filing Fee	등기 등록 수수료	160
Transfer Tax	명의 이전세	4,200
Application Fee	대출 신청 수수료	100
Doc Prep Fee	대출 관련 서류 처리비용	950
Underwriting Fee	대출 계리사 수수료	500
Appraisal Fee	감정평가 수수료	650
Property Taxes(6 months)	6개월치 재산세	1,800
Credit Report and Other Fees	신용보고서, 보험료 등	460
Attorney and Notary Fee	변호사 공증 비용	1,400
합계		17,420

위의 표는 미국에서 100만 달러 정도(한화 약 12억 3,000만 원)의 콘도를 구입할 시 지불하는 집값 외 비용입니다. 이 금액은 구입하는 부동산의 종류나 미국의 주마다 다를 수 있습니다. 또한 거래하는 에스크로 회사, 대출을 받는지 여부, 대출 금융기관에 따라 천차

만별이기도 합니다. 따라서 참고 자료 정도로 생각하면 좋을 것 같습니다. 보통 이 비용은 잔금을 치르는 과정에서 에스크로 회사에서 정리해 매수자에게 알려줍니다.

먼저 'Title Insurance'란 소유권 보험을 말합니다. 앞서 소유권 보험은 미국에서 집을 살 때 반드시 가입해야 한다고 설명했습니다. 소유권 보험은 구입할 부동산과 관련된 과거의 소유권 문제를 해결하고, 매수자를 보호하기 위한 보험입니다. 다음으로 'Maintenance Fee'는 콘도 관리비입니다. 콘도 관리비는 2개월치 정도를 미리 납부해야 합니다.

이 비용은 주택을 구입하면 어차피 내야 할 금액입니다. 그런데 미리 내는 이유는 부동산을 사고파는 과정에서 이사 날짜가 맞지 않아 관리비가 누락될 수도 있기 때문입니다. 그래서 에스크로 회사에서는 부동산의 잔금을 치르는 비용에 이를 포함해 알려줍니다. 'Start-up Fee'는 주택소유자협회(HOA)의 초기 설립 비용입니다. 2~3개월치를 미리 납부합니다. 만약 이미 지어진 콘도나 타운하우스라면 이 비용이 발생하지 않습니다.

부동산 거래, 등기와 관련된 수수료

부동산 거래, 등기와 관련된 수수료는 대표적으로 에스크로 수수료가 있습니다. 일반적으로 집값의 0.2~0.3% 정도 발생합니다.

○ 집값에 따른 명의 이전세 비율

부동산의 가격(USD)	세율(%)
60만 달러 미만	0.0015
60만 달러 이상 ~ 100만 달러 미만	0.0025
100만 달러 이상 ~ 200만 달러 미만	0.0040
200만 달러 이상 ~ 400만 달러 미만	0.0060
400만 달러 이상 ~ 600만 달러 미만	0.0085
600만 달러 이상 ~ 1천만 달러 미만	0.0110
1천만 달러 이상	0.0125

에스크로 수수료는 미국의 주마다, 에스크로 회사마다 다를 수 있습니다. 그리고 미국에서도 부동산의 소유권에 대한 등기를 진행하기 때문에 등기를 위한 기록 비용이 160달러 정도(한화 약 20만 원) 발생합니다. 또한 취등록세와 비슷한 개념인 '명의 이전세'를 집값에 따라 납부하게 됩니다. 원래 명의 이전세는 매수자가 아니라 매도자가 납부하는 것이었습니다. 하지만 신축 콘도의 경우는 이 비용을 매수자에게 납부하게 하는 경우가 많습니다.

'명의 이전세'는 집값에 따라 위의 표에 나온 비율대로 발생합니다. 만약 100만 달러짜리 콘도를 구입한다면 4천 달러 정도(한화 약 500만 원)가 발생합니다.

대출을 받을 때 발생하는 비용

———

'대출 신청 수수료'부터는 대출을 받을 때 발생하는 비용입니다. 따라서 대출을 받지 않을 경우 발생하지 않습니다. 그리고 대출을 받으려는 은행마다 이런 비용의 종류와 금액은 달라질 수 있음을 유의해야 합니다. 저의 경우 구입하고자 하는 부동산이 위치한 주의 미국계 상업은행에서 대출을 받았습니다. 처음 대출을 신청할 때 100달러 정도(한화 약 12만 원) 납부했습니다.

또한 대출을 진행하며 은행 직원들이 문서 작업, 서류 검토, 거래 개설 등 업무를 지원해주는데, 이에 대한 문서 준비 수수료(Doc Prep Fee)가 발생합니다.

그다음 발생하는 비용은 'Appraisal Fee', 즉 감정평가 수수료입니다. 미국에서 대출을 받으려면 반드시 은행이 지정하는 감정평가 업체에서 부동산의 감정평가를 받아야 합니다. 감정평가 수수료는 지역마다, 업체마다, 부동산의 종류와 면적마다 달라집니다. 제가 도와줬던 분들의 경우 전용면적 92㎡(28평)의 신축 콘도를 구입했는데 감정평가 수수료가 600~700달러 정도(한화 약 74만~86만 원) 발생했습니다. 이런 감정평가 수수료는 지역이나 감정평가 회사에 따라 달라집니다.

그리고 대출을 받는 경우 재산세는 은행이 매달 걷어서 대신 납부해줍니다. 간혹 대출을 받지 않고 집을 사는 경우 깜빡하고 재산세를 미납하는 경우가 있습니다. 이렇게 되면 압류가 들어옵니다.

이것도 대출을 받을 경우 생기는 장점입니다.

처음 대출을 받으면 보통 은행에서 6개월 정도의 재산세를 미리 걷습니다. 이 때문에 부동산 거래 잔금 비용에 이에 대한 금액도 추가됩니다. 또한 대출을 받으려면 신용보고서 비용도 필요하고, 홍수나 화재보험 등에도 가입해야 합니다. 이런 기타 비용은 주나 은행마다 다를 수 있습니다. 제 경험상 100만 달러 정도의 콘도를 구입할 때 500달러 정도(한화 약 61만 원)가 발생했습니다.

마지막으로 에스크로 회사나 은행에 직접 방문하지 않고 원격으로 대출 서류나 등기 서류에 서명하면, 제3자에게 서명 확인 공증을 받아야 합니다. 계약서나 대출 약정서에 본인이 서명했음을 미국 대사관이나 변호사와 같은 제3자가 확인해주는 절차입니다. 이때도 공증 비용이 발생할 수 있습니다.

코로나19 이전에는 미국 대사관에서 소액의 수수료를 받고 공증 업무를 진행해줬습니다. 코로나19 기간에는 서비스가 중단되었다가 현재는 온라인으로 공증 업무를 재개했습니다. 주한 미국 대사관의 경우 공증 비용으로 건당 50달러(한화 약 6만 원)를 받고 있습니다. 비교적 빨리 마감되기 때문에 공증이 필요할 경우 두 달 전에는 예약하는 것이 좋습니다.

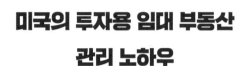

미국의 투자용 임대 부동산 관리 노하우

부동산 구매가 끝이 아니다

지금까지 미국에 투자용 부동산을 구입하기 위한 기본 절차, 매물 찾는 방법, 송금 방법, 신고 절차, 소요 비용을 모두 짚어봤습니다. 미국에 부동산을 샀다고 해서 투자가 끝난 게 아닙니다. 이제부터는 미국에서 임대업을 운영해야 한다는 더 큰 과제가 남았습니다. 우리가 구매한 부동산은 저 먼 미국이라는 타지에 있습니다. 임대업을 하며 내가 직접 관리할 수 없다는 건 큰 단점입니다. 따라서 능력 있고 서비스의 질이 뛰어난 부동산 관리대행업체를 찾는 것은 필수입니다.

미국의 공인중개사는 보통 매도와 매수를 전문으로 하는 공인 중개사와 부동산의 관리, 임대차 업무를 주로 하는 공인중개사로 나눠져 있습니다. 일반적으로 공인중개사 자격증을 취득한 지 얼마 안 된 신입이나 새롭게 부동산 법인을 차려 독립한 경우에 부동산 임대차 관리 업무를 맡게 됩니다.

부동산 관리대행업체를 찾을 때는 부동산의 매수를 담당한 공인중개사나 지인, 현지인에게 소개를 받는 방법이 가장 좋습니다. 또는 투자자 스스로 인터넷에 검색하거나 광고를 참고해 찾는 방법도 있습니다.

미국의 공인중개사들은 보통 중개사 자격증을 딴 후 부동산 법인에 소속되는 경우가 많습니다. 법적 책임에서 자유롭고 각종 비용 절감이 되기 때문입니다. 따라서 거래한 공인중개사의 회사에서 평판이 좋은 에이전트를 소개받는 게 좋습니다.

만약 소개받은 관리대행업체가 마음에 들지 않으면, 구글에 지역명과 함께 'Property Management'라고 검색하면 많은 부동산 관리대행업체를 찾을 수 있습니다. 한인 공인중개사를 선호한다면 블로그나 유튜브를 통해 연락을 취해도 되고, 각 주마다 발행되는 '교차로'라는 월간지를 참고하는 방법도 있습니다.

단기임대용인가, 장기임대용인가

다음으로 내 투자용 부동산을 단기임대용으로 운영할지, 장기임대용으로 운영할지 결정해야 합니다. 미국은 주마다 다르지만 특정 지역이나 콘도의 관리 규칙에 따라서 합법적으로 임대가 가능한 기간이 정해져 있습니다. 부동산을 매수하기 전부터 미리 내가 부동산을 어떤 목적으로 임대할 것인지 고려해야 합니다. 단기임대는 보통 1일 단위, 한 달 단위의 기간으로 임대를 주는 경우를 말합니다. 6개월 이상 임대를 주는 경우에는 보통 장기임대로 구분합니다.

단기임대의 장점은 장기임대보다는 일별, 월별 임대료가 높다는 점입니다. 집주인에 따라서 세금, 청소 비용, 주차비, 수수료까지 임대료와 별도로 세입자에게 부과하는 경우도 있습니다. 게다가 가족, 친척, 지인, 고객이 미국 내 부동산을 자주 이용해야 하는 상황이라면 단기임대를 주는 게 좋습니다.

단기임대의 단점은 앞서 얘기한 대로 임차인이 자주 바뀌기 때문에 장기임대보다 공실이 많이 발생할 수밖에 없습니다. 일별 임대 매출이 높은 것처럼 보일 수 있지만, 1년 전체 매출로 계산해보면 장기임대와 크게 다르지 않을 수 있습니다.

단기임대의 두 번째 단점은 관리대행 수수료가 장기임대의 수수료보다 높다는 점입니다. 아무래도 공인중개사 입장에서는 자주 광고도 해야 하고 임차인이 자주 드나들기 때문에 각종 소모품도 주기적으로 채워줘야 합니다. 그래서 업체마다 다르겠지만 장기임대 부동산의 관리대행 수수료보다 적게는 1.5배에서 많게는 2.5배까지 수수료를 청구할 수 있습니다. 게다가 임차인이 자주 바뀌기에 가전제품이나 가구가 많이 소모될 수도 있습니다.

무엇보다 중요한 건 단기임대의 경우 가전제품과 가구를 모두 갖춰야 한다는 점입니다. 장기임대의 경우 보통 임차인이 가전제품이나 가구를 갖고 들어옵니다. 그래서 콘도에서 기본적으로 제공하는 가전제품(세탁기, 건조기, 온수기, 가스레인지, 오븐, 전자레인지, 식기세척기)과 붙박이장 외에는 별도로 비치하지 않아도 됩니다.

한편 장기임대로 운영할 때는 각별히 기억해야 할 점이 있습니다. 3달 이하로 거주하는 단기임대는 임차인이 입주하기 전 숙박비를 일시에 결제하는 게 일반적입니다. 하지만 미국에서 가장 일반적인 임대차 계약 기간인 1년 단위의 장기임대는 1개월치 월세를 보증금으로 받고 매월 월세를 선불로 받습니다. 따라서 임대료를 연체하지 않을 임차인을 구하는 게 가장 중요합니다.

6개월 이상, 1년 단위의 장기 임차인을 구할 때는 반드시 관리대행업체가 임차인 후보들의 인터뷰와 제반 서류를 검토하는지 확인해야 합니다. 책임감 있는 공인중개사라면 영어가 서투르거나 본업이 바쁜 집주인을 대신해서 임차인 후보자의 가족 구성, 직업, 거주 목적, 거주 예상 기간 등을 꼼꼼하게 체크해줄 겁니다. 또한 임차인이 임대료를 미납하지 않고 성실히 납부할 수 있는 재정적 능력이 되는지 점검하기 위해 집주인을 대신해서 근로소득 원천징수 영수증(W2), 월별 급여명세서(Pay Stub) 및 신용점수(Credit Score) 등을 임차인에게 요청합니다. 이후 내용을 확인해서 집주인에게 임차인에 대한 중요한 정보를 요약해서 알려줍니다.

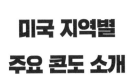

미국 지역별
주요 콘도 소개

여기서는 미국 지역별 주요 콘도를 소개하려고 합니다. 처음 미국 부동산에 투자하려고 하면 어디에 투자해야 할지 고민이 많이 될 겁니다. 그래서 제가 지금까지 손품과 발품을 팔아 수집한 자료를 공유하려고 합니다. 앞서 설명했던 하와이의 부동산뿐만 아니라 뉴욕과 보스턴의 부동산도 소개하겠습니다. 미국 부동산에 투자하려 한다면, 앞으로 소개할 부동산들도 함께 알아보면 좋을 것 같습니다.

미국 하와이

1. 아주어 알라모아나(Azure Ala Moana)

● 주소: 629 Ke'eaumoku St, Honolulu, HI 96814

● 층수 및 세대수 : 41층, 407세대

● 준공연월 : 2021년 9월

● 특징: 하와이 쇼핑과 비즈니스의 중심지에 위치해 있다. 알라모 아나 비치파크 쪽에 위치하고 있어 이동이 쉽고 주변에 쇼핑센터 도 있다.

◦ 아주어 알라모아나의 위치

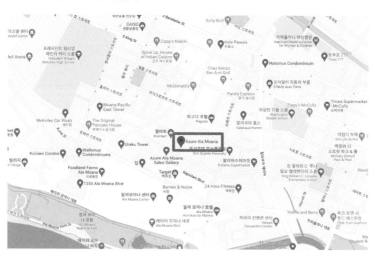

출처: 구글 지도

212

◦ 아주어 알라모아나의 전경

출처: 저자 제공

◦ 아주어 알라모아나의 다양한 어메니티

출처: 저자 제공

2. 더파크온키아모쿠(The Park on Keeaumoku)

- 주소: 825 Keeaumoku Street Honolulu, Hawaii 96814
- 층수 및 세대수: 44층, 972세대
- 예상 준공연월: 2025년 2월
- 특징: 하와이 최대 규모의 주상복합콘도. 알라모아나의 중심 상 권에 위치하며 편리한 어메니티, 저렴한 관리비를 모두 갖췄다.

◦ 더파크온키아모쿠의 위치

출처: 구글 지도

◦ **더파크온키아모쿠의 전경**

◦ **더파크온키아모쿠의 다양한 부대시설**

3. 코울라(Koula)

- 주소: 1000 Auahi St, Honolulu, HI 96814
- 층수 및 세대수: 41층, 565세대
- 준공연월: 2022년 8월
- 특징: 하와이의 신흥 부촌 워드빌리지에 위치하며 아름다운 오 션뷰를 갖고 있다. 빌딩 외관이 독창적이고 5성급 호텔의 어메 니티를 자랑한다.

◦ **코울라의 위치**

출처: 구글 지도

◦ 코울라의 전경

출처: 저자 제공

◦ 코울라의 다양한 어메니티

출처: 저자 제공

미국 뉴욕

1. 랜턴하우스(Lantern House)

- 주소: 515 West 18th St NY 10011
- 준공연도: 2020년
- 층수 및 세대수: 22층, 181세대
- 특징: 아티스트들이 사랑하는 예술과 낭만의 동네, 맨해튼 첼시에 위치하고 있다. 뉴욕 메트로 C,1,F,M,E라인이 지나간다.

◦ 랜턴하우스의 위치

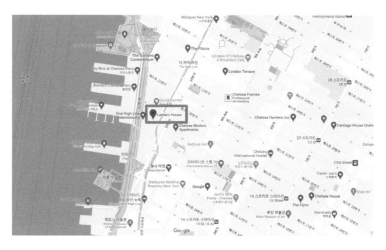

출처: 구글 지도

◦ 랜턴하우스의 전경

출처: 저자 제공

◦ 랜턴하우스의 다양한 어메니티

출처: 저자 제공

2. 로즈힐(Rose Hill)

- 주소: 30 E 29th St, New York, NY 10016
- 층수 및 세대수: 45층, 123세대
- 준공연도: 2020년
- 특징: 록펠러 그룹이 지었고 매디슨 스퀘어 공원 북쪽 최고의 입지에 위치한다. 뉴욕 메트로 6, N, R, W라인이 지나간다.

◦ 로즈힐의 위치

출처: 구글 지도

◦ **로즈힐의 전경**

출처: 저자 제공

◦ **로즈힐의 내부 사진**

출처: 저자 제공

미국 보스턴

1. 더파커(The Parker)

- 주소: 55 Lagrange St, Boston, MA 02116
- 층수 및 세대수: 22층, 168세대
- 준공연월: 2022년
- 특징: 지성과 문화의 중심 보스턴에 위치하고 있다. 보스턴이 자랑하는 보스턴 커먼(Boston Common)의 뷰가 내려다보인다.

◦ 더파커의 위치

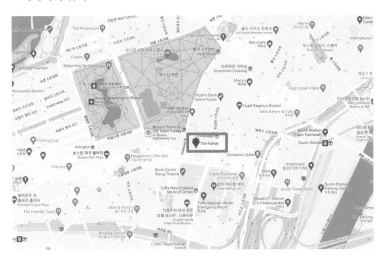

출처: 구글 지도

◦ 더파커의 전경 사진

◦ 보스턴 커먼파크의 모습

출처: 저자 제공

출처: 저자 제공

◦ 더파커의 모델하우스 사진

출처: 저자 제공

2. 씨포트에슐란(Seaport Echelon)

- 주소: 133, 135 Seaport Blvd, Boston, MA 02210
- 층수 및 세대수: 21층, 447세대
- 준공연월: 2020년
- 특징: 보스턴의 대규모 투자 프로젝트 중심 지역에 위치해 있다.

◦ 씨포트에슐란의 위치

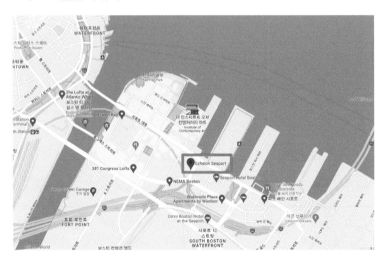

출처: 구글 지도

◦ **씨포트에슐란의 전경**

◦ **씨포트에슐란의 내부 사진**

미국에 한 번도 방문하지 않고
단기임대사업을 운영하다

C씨는 캐나다에 거주 중인 40대 여성이다. 캐나다 시민권을 갖고 있는데 미국 부동산에 투자하려고 했다. C씨는 캐나다에 살지만 부모님을 뵈러 한국에 매년 방문한다고 했다. 캐나다는 너무 춥기도 하고 한국과 거리가 멀어 한국과 캐나다 중간에 있는 미국의 따뜻한 도시에 투자하고 싶어 했다. 외국에 거주하는 한국 교포가 현지인이 아닌 나에게 컨설팅 의뢰를 했기에 인상 깊었다.

C씨는 미국 부동산 투자부터 대출, 잔금, 관리대행업체 계약, 단기임대 운영까지 한 번도 본인의 부동산에 방문한 적이 없다. 물론 영미권 문화에 익숙하고 영어를 잘하기 때문에 옵션의 폭은 많

226

왔던 것은 사실이다. 하지만 한국에 살고 있고 영어를 능숙하게 못한다고 해서 부동산 투자와 임대 관리를 못하는 것은 아니다.

캐나다에 사는 이 고객은 나를 통해 미국 부동산 투자를 진행한 뒤에 직접 단기임대 관리대행 공인중개사를 찾아서 대행을 맡기고 있다. 그녀는 수익률을 높이기 위해 단기임대를 운영하고 싶어 했다. 하지만 공인중개사가 소개한 한인 관리대행업체가 마음에 들지 않았다고 한다. 그래서 단기임대를 구하는 임차인의 입장에서 광고하는 매물을 검색해봤다고 한다.

그중에 공인중개사로 보이는 한 운영자가 집에 대한 설명과 단기임대용 집의 내부 사진을 잘 정리해둔 걸 보았다고 한다. 집을 구하려는 고객인 척 연락을 취해봤는데 문의에 대한 회신이 빠르고 답신의 내용도 적극적이었다고 한다. 여기서 나는 무릎을 탁 쳤다. 나는 한국에서 쓰던 방법을 미국에서 적용해볼 생각을 왜 하지 못했을까? 내가 한국에서 부동산 투자를 할 때는 매수자 입장에서, 매도자 입장에서, 전월세를 구하는 임차인의 입장에서 매물을 검색하고 직접 방문했다. 그런데 미국에서는 정작 아는 사람들의 소개에만 의존하고 있었다.

그녀가 찾은 공인중개사는 젊은 부부였다. 직접 해당 지역에서 에어비앤비를 여러 채 운영하고 있었다. 단기임대에 대한 마케팅, 광고 능력이 뛰어났고 무엇보다 실질적인 운영 노하우나 비용 절감 팁을 많이 갖고 있었다. 게다가 이 관리대행업체는 작은 가구 정도는 실을 수 있는 사이즈의 트럭까지 보유하고 있었다. 그래서 단기임대용 콘도를 인테리어 할 때 큰 도움을 받을 수 있었다.

6개월 이상의 장기임대용 콘도와 달리 1~2개월 단위의 단기임대를 운영하기 위해서는 집에 필수적인 가전, 가구는 물론 침구류, 휴지나 세제 등 소모품을 구비해야 한다. 부피가 큰 가구와 가전은 C씨가 직접 온라인으로 주문을 했다. 배송 당일에는 관리대행업체에서 와서 가구와 가전 배송과 설치를 도왔다. 부피가 상대적으로 작은 침실의 사이드 테이블, 아일랜드 식탁용 의자, 수납함, 신발장 같은 소품은 직접 트럭으로 옮겨 설치해주기도 했다.

C씨는 성실하고, 적극적이고, 신뢰할 수 있는 관리대행업체를 찾은 덕분에 미국에 부동산을 취득한 지 3년차인 지금까지도 원격으로 임대용 부동산을 잘 관리하고 있다.

투자 포인트

□ 캐나다뿐만 아니라 일본, 중국 등 전 세계 투자자가 미국 부동산에 투자하고 있다.

□ 미국에 직접 방문하지 않아도 투자가 가능하다.

□ 관리대행업체를 잘 선정하면 많은 도움을 받을 수 있다.

4장

미국
부동산 세금
완전 정복

미국에서 부동산을 살 때 발생하는 미국 세금

취득할 때 발생하는 세금

한국에 거주하는 개인이 미국에 집을 살 때 발생하는 세금은 3가지가 있습니다. 취득할 때, 보유할 때, 처분했을 때 내는 세금입니다. 미국에 집을 살 때 미국인이든 외국인이든 부과되는 취득세는 없습니다. 한국에서는 적게는 1%부터 3주택자이거나 법인이 주택을 취득하는 경우 많게는 6%까지 발생합니다. 취득세가 무서운 점은 부동산 거래가액 전체에 부과된다는 점입니다. 양도소득세처럼 내가 번 돈에 일정 비율을 내는 게 아니라 부동산 거래가액 전체를 기준으로 냅니다. 그래서 다른 세금보다 투자 수익률에 더 큰 영향을 주게 됩니다.

물론 미국의 모든 주가 취득세가 없는 건 아닙니다. 예를 들어 뉴욕시는 100만 달러(한화 약 12억 3천만 원) 이상의 고가 주택의 경우 1~2.5% 정도의 세금을 부과합니다. 그리고 취득세는 아니지만 명의 이전세라는 것이 부과됩니다. 해당 주택의 소유주를 변경할 때 필요한 수수료라고 보면 됩니다. 이는 주로 매도자가 납부합니다. 일부 콘도의 분양권의 경우 시행사에 따라서 매수자에게 부담시키는 경우도 있습니다.

보유할 때 발생하는 세금

---

1. 재산세

미국의 부동산을 보유할 때 미국인, 외국인, 개인, 법인에 상관없이 모두 발생하는 세금이 있습니다. 바로 재산세입니다. 다음 페이지에 나오는 지도는 주별로 거주용 부동산의 재산세를 정리한 것입니다. 주별로 7배 이상까지도 차이가 발생합니다.

지도 하단에 있는 하와이(HI)의 경우 매년 0.3% 정도로 미국의 50개 주 중에서 재산세가 가장 저렴합니다. 재산세가 높기로 악명 높은 뉴저지(NJ)의 경우 2.21%로 하와이보다 7배 높은 재산세를 납부해야 합니다. 100만 달러짜리 집을 보유하면 뉴저지는 매년

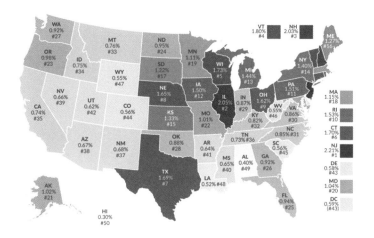

출처: TAX FOUNDATION

2만 2,100달러(한화 약 2,700만 원)의 재산세를 납부해야 하니 재산세 부담이 만만치 않습니다. 많은 한국인이 거주하고 있는 캘리포니아주(CA)의 경우 0.74%, 맨해튼이 위치하고 있는 뉴욕(NY)의 경우 1.4%로 하와이에 비하면 상당히 높은 편입니다. 맨해튼의 1베드룸 신축 분양권이 보통 100만 달러 정도입니다. 이 경우 매달 1,200달러(한화 약 147만 원) 정도의 재산세를 납부해야 합니다. 반면 하와이라면 300달러(한화 약 36만 원) 정도가 발생합니다.

미국의 재산세를 보면 한국에 비해 굉장히 높아 보일 수 있습니다. 하지만 미국은 재산세의 상당 부분을 공제해줍니다. 실거주자의 경우 부부 각각에게 소득 공제를 통해 재산세를 감면해줍니다. 더불어 소득이 적거나 나이가 많은 노인의 경우에는 더 많은 감면을 받을 수 있습니다. 또한 모기지론을 받은 경우 대출이자도 소득에서 공제해주고 있습니다. 물론 이는 거주용 주택에 대한 재산세 감면입니다. 따라서 외국인투자자의 임대용 부동산의 재산세는 이보다 높습니다.

한편 미국에는 종합부동산세가 없습니다. 한국은 주택수와 금액에 따라 1주택자도 최고 3%, 다주택자는 최고 6%까지 종합부동산세를 내야 합니다. 그에 비해 미국은 다주택자의 보유세가 한국에 비해 매우 저렴합니다.

2. 소득세

미국에서 콘도를 대출받아 구입한 후 임대를 줄 경우 소득세는 거의 발생하지 않습니다. 그 이유는 폭넓은 필요 경비 인정 때문입니다. 가장 큰 비중을 차지하는 경비는 부동산 건물의 감가상각비입니다. 미국에 콘도를 구입하면 건물과 토지를 소유하게 됩니다. 그런데 매년 건물이 노후화될 것이기 때문에 건물의 감가상각 비용을 필요 경비로 차감해줍니다. 주거용 부동산은 27.5년, 상업용 부동산은 39년을 내용연수로 상각합니다.

만약 호놀룰루에 있는 100만 달러 정도의 2베드룸 콘도를 1년 동안 임대를 놓는다면 보통 4,000달러(한화 약 492만 원) 정도의 월 임대 수익이 발생할 것입니다. 이때 건물의 가치에 따라 다르겠지만 감가상각비가 매월 2,000달러(한화 약 246만 원) 정도 인정됩니다. 이런 감가상각비는 소득세를 줄여주는 큰 역할을 합니다.

그다음으로 인정되는 비용 중 큰 순서대로 열거해보겠습니다. 대출이자, 관리비, 관리대행 수수료(중개사 수수료), 세무사 수수료, 보험료 등입니다. 이 비용 모두 임대 수입에서 공제되어 세금이 산출됩니다. 더불어 미국에 LLC나 C Corp 등 법인을 세워 해외 부동산을 관리할 때 발생하는 비용의 일부도 공제받을 수 있습니다. 예를 들어 미팅을 하거나 계약할 시 발생하는 항공료, 숙박비, 식비와 같은 출장비가 있습니다.

여기서 C Corp란 C Corporation의 약자입니다. 미국 세법상 다양한 법인의 형태 중 하나입니다. C Corp는 독립적인 법인으로, 주주는 개인과 법인이 모두 될 수 있습니다. C Corp의 법적 책임은 주주가 지지 않고 법인이 집니다. C Corp는 주주가 미국 내국인이 아닌 외국인이나 외국 법인으로만 구성된 경우에도 설립할 수 있습니다. 따라서 외국인이나 외국 법인이 미국에서 사업을 영위하고자 할 때 일반적으로 설립하는 형태입니다.

LLC와 C Corp의 차이점은 납부하는 세금에 있습니다. LLC는 파트너인 개인이 세금을 납부할 때 개인소득세, 법인세 중 선택할 수 있습니다. 반면 C Corp는 법인세를 납부해야 합니다. 개인인 주주에게 법적 책임이 전가되지 않도록 안전장치를 마련하고 싶고, 법인의 소득을 법인세로 납부할 계획이라면 C Corp를 설립하는 경우도 종종 있습니다.

미국에서 외국인이 임대용 부동산을 통해 임대소득이 발생하면, 원칙적으로 30%의 금액을 원천징수하게 됩니다. 하지만 이러

◦ W-8ECI 서식

Form **W-8ECI** (Rev. October 2021) Department of the Treasury Internal Revenue Service	**Certificate of Foreign Person's Claim That Income Is Effectively Connected With the Conduct of a Trade or Business in the United States** ▶ Section references are to the Internal Revenue Code. ▶ Go to *www.irs.gov/FormW8ECI* for instructions and the latest information. ▶ Give this form to the withholding agent or payer. Do not send to the IRS.	OMB No. 1545-1621

Note: Persons submitting this form must file an annual U.S. income tax return to report income claimed to be effectively connected with a U.S. trade or business. See instructions.

Do not use this form for:	Instead, use Form:
• A beneficial owner solely claiming foreign status or treaty benefits	W-8BEN or W-8BEN-E
• A foreign government, international organization, foreign central bank of issue, foreign tax-exempt organization, foreign private foundation, or government of a U.S. possession claiming the applicability of section(s) 115(2), 501(c), 892, 895, or 1443(b)	W-8EXP

Note: These entities should use Form W-8ECI if they received effectively connected income and are not eligible to claim an exemption for chapter 3 or 4 purposes on Form W-8EXP.

| • A foreign partnership or a foreign trust (unless claiming an exemption from U.S. withholding on income effectively connected with the conduct of a trade or business in the United States) . . . . | W-8BEN-E or W-8IMY |
| • A person acting as an intermediary . . . . | W-8IMY |

Note: See instructions for additional exceptions.

Part I — Identification of Beneficial Owner (see instructions)

1 Name of individual or organization that is the beneficial owner	2 Country of incorporation or organization

3 Name of disregarded entity receiving the payments (if applicable)

4 Type of entity (check the appropriate box):
- ☐ Partnership
- ☐ Foreign Government - Controlled Entity
- ☐ Foreign Government - Integral Part
- ☐ Private foundation
- ☐ Simple trust
- ☐ Grantor trust
- ☐ International organization
- ☐ Individual
- ☐ Complex trust
- ☐ Central bank of issue
- ☐ Corporation
- ☐ Estate
- ☐ Tax-exempt organization

5 Permanent residence address (street, apt. or suite no., or rural route). **Do not use a P.O. box or in-care-of address.**

City or town, state or province. Include postal code where appropriate.	Country

6 Business address in the United States (street, apt. or suite no., or rural route). **Do not use a P.O. box or in-care-of address.**

City or town, state, and ZIP code

7 U.S. taxpayer identification number (required—see instructions) ☐ SSN or ITIN ☐ EIN

8a Foreign tax identifying number (FTIN)	8b Check if FTIN not legally required . . . . ☐

9 Reference number(s) (see instructions)	10 Date of birth (MM-DD-YYYY)

11 Specify each item of income that is, or is expected to be, received from the payer that is effectively connected with the conduct of a trade or business in the United States (attach statement if necessary).

12 Check here to certify that: you are a dealer in securities (as defined in section 475(c)(1)); you are a transferor of an interest in a publicly traded partnership (PTP) claiming an exception from withholding under Regulations section 1.1446(f)-4(b)(6); and any gain from the transfer of the PTP interest associated with this form is effectively connected with the conduct of a trade or business within the United States without regard to section 864(c)(8). . . . ☐

Part II — Certification

Sign Here

Under penalties of perjury, I declare that I have examined the information on this form and to the best of my knowledge and belief it is true, correct, and complete. I further certify under penalties of perjury that:
- I am the beneficial owner (or I am authorized to sign for the beneficial owner) of all the payments to which this form relates,
- The amounts for which this certification is provided are effectively connected with the conduct of a trade or business in the United States,
- The income for which this form was provided is includible in my gross income (or the beneficial owner's gross income) for the taxable year, **and**
- The beneficial owner is not a U.S. person.

Furthermore, I authorize this form to be provided to any withholding agent that has control, receipt, or custody of the payments of which I am the beneficial owner or any withholding agent that can disburse or make payments of the amounts of which I am the beneficial owner.

I agree that I will submit a new form within 30 days if any certification made on this form becomes incorrect.

☐ **I certify that I have the capacity to sign for the person identified on line 1 of this form.**

Signature of beneficial owner (or individual authorized to sign for the beneficial owner)	Print name	Date (MM-DD-YYYY)

For Paperwork Reduction Act Notice, see separate instructions.   Cat. No. 25045D   Form **W-8ECI** (Rev. 10-2021)

출처: 미국 국세청

238

한 원천징수를 피할 수 있는 방법이 있습니다. 부동산 관리대행 업체나 세무사를 통해 납세자 식별번호(ITIN: Individual Taxpayer Identification Number)를 받고 W-8ECI라는 서식을 미국 국세청에 제출하면 미국인과 동일하게 세금 신고를 할 수 있습니다. 납세자 식별번호는 발급 시 시간이 걸리기 때문에 미리 준비하는 게 좋습니다.

3. 부가가치세

한국의 일반 임대사업자는 임차인(최종 소비자)에게 부가가치세를 걷어 매출 부가가치세를 납부해야 합니다. 마찬가지로 미국에서도 임차인에게 부가가치세를 걷어 매년 세무 신고 및 납부를 해야 합니다. 부가가치세는 미국 주별로 용어, 세율, 부과 기준이 모두 다릅니다. 예를 들어 하와이 호놀룰루의 경우 장기임대에 대한 부가가치세는 GET라고 해서 4.712%의 세율로 납부합니다.

그리고 1일 단위 단기임대나 180일 미만의 단기임대를 운영하는 경우에는 GET에 추가로 TAT라고 해서 약 10.25%를 납부하게 됩니다. 에어비앤비에 올라온 집들을 보면 최종 결제 시에 이런 부가가치세를 별도로 사용자에게 부과하고 있습니다.

GET(General Excise Tax: 일반소비세)란 하와이주의 소비세로, 과세 대상이 되는 재화를 구입하거나 서비스에 대한 대가를 지불할 때 소비자나 매입하는 자가 하와이 주정부에 납부해야 하는 세금입니다. 미국은 주별로 다양한 형태의 소비세를 걷거나 면제하기도 하며, 소비세의 이름과 세율이 다릅니다. 우리나라의 소비세는 부가가치세가 있으며 세율은 10%입니다. 소비자가 110원짜리 과세대상 물건을 사면 100원은 판매자의 매출이지만 10%인 10원은 소비자로부터 판매자가 걷어 국세청에 납부해야 합니다.

TAT(Transient Accommodations Tax: 단기숙박세)란 관광숙박업이 주된 산업 중 하나인 하와이주의 세금 중 하나로, 단기 숙박시설의 총 임대수익금에 일정 비율로 부과하는 세금입니다. 단기 숙박시설은 방, 임대아파트, 주택, 콘도, 해안가 별장, 호텔, 이와 유사한 숙박시설을 일컫습니다. 이 경우 연속 180일보다 짧게 숙박하는 단기임대 수익이 과세 대상입니다.

처분할 때 발생하는 세금

—

마지막으로 양도소득세입니다. 미국의 경우 주세와 연방정부세가 각각 발생하는데, 양도차익에 따라 세율이 다르게 계산됩니다. 연방정부세는 양도차익 금액에 따라 양도소득세율을 15~20% 구간별 과세합니다. 그리고 주세는 이보다 적은 수준으로 부과됩니다. 뒤에 나오는 표는 미국 연방정부의 장기와 단기 양도차익에 대한 양도소득세율과 미국의 각 주별 양도소득세율을 정리한 표입니다. 미국은 소득세에 대해서 연방정부와 주별로 각각 세금을 매기기 때문에 두 세금을 합산해서 전체 양도소득세를 구할 수 있습니다.

단기 양도소득세는 1년 이내에 부동산을 판 경우입니다. 같은 양도차익에 대해서 장기 양도소득세보다 높은 세율로 세금을 부과합니다. 장기 양도소득세율은 1년 이상 부동산을 보유한 뒤 매도했을 때 적용되는 세율입니다. 단기 양도소득세율보다 낮기 때문에 세금을 최소화하기 위해서는 부동산 자산을 최소 1년 이상은 보유한 후 매도하는 게 유리합니다.

◦ **미국 연방 단기 양도소득세**(2022년)

세율	싱글	부부 합산 신고	부부 개별 신고	세대주 신고
10%	0 ~ 10,275달러	0 ~ 20,550달러	0 ~ 10,275달러	0 ~ 14,650달러
12%	10,276 ~ 41,775달러	20,551 ~ 83,550달러	10,276 ~ 41,775달러	14,651 ~ 55,900달러
22%	41,776 ~ 89,075달러	83,551 ~ 178,150달러	41,776 ~ 89,075달러	55,901 ~ 89,050달러
24%	89,076 ~ 170,050달러	178,151 ~ 340,100달러	89,076 ~ 170,050달러	89,051 ~ 170,050달러
32%	170,051 ~ 215,950달러	340,101 ~ 431,900달러	170,051 ~ 215,950달러	170,051 ~ 215,950달러
35%	215,951 ~ 539,900달러	431,901 ~ 647,850달러	215,951 ~ 323,925달러	215,951 ~ 539,900달러
37%	539,900달러 이상	647,850달러 이상	323,925달러 이상	539,900달러 이상

출처: 미국 국세청

◦ **미국 연방 장기 양도소득세**(2022년)

세율	싱글	부부 합산 신고	부부 개별 신고	세대주 신고
0%	0 ~ 41,675달러	0 ~ 83,350달러	0 ~ 41,675달러	0 ~ 55,800달러
15%	41,676 ~ 459,750달러	83,351 ~ 517,200달러	41,676 ~ 258,600달러	55,801 ~ 488,500달러
20%	459,750달러 이상	517,200달러 이상	258,600달러 이상	488,500달러 이상

출처: 미국 국세청

° 미국 주별 양도소득세

순위	주	2021년 세율	2022년 세율
1	캘리포니아(California)	13.30%	13.30%
2	뉴저지(New Jersey)	10.75%	10.75%
3	워싱턴 D.C.(Washington D.C.)	8.95%	10.75%
4	오리건(Oregon)	9.90%	9.90%
5	미네소타(Minnesota)	9.85%	9.85%
6	뉴욕(New York)	8.82%	8.82%
7	버몬트(Vermont)	8.75%	8.75%
8	아이오와(Iowa)	8.53%	8.53%
9	위스콘신(Wisconsin)	7.65%	7.65%
10	하와이(Hawaii)	7.25%	7.25%
11	메인(Maine)	7.15%	7.15%
12	사우스캐롤라이나(South Carolina)	7.00%	7.00%
13	워싱턴(Washington)	0.00%	7.00%
14	코네티컷(Connecticut)	6.99%	6.99%
15	아이다호(Idaho)	6.93%	6.93%
16	몬타나(Montana)	6.90%	6.90%
17	네브래스카(Nebraska)	6.84%	6.84%
18	델라웨어(Delaware)	6.60%	6.60%
19	웨스트버지니아(West Virginia)	6.50%	6.50%
20	로드아일랜드(Rhode Island)	5.99%	5.99%
21	뉴멕시코(New Mexico)	5.90%	5.90%
22	조지아(Georgia)	5.75%	5.75%
23	메릴랜드(Maryland)	5.75%	5.75%
24	버지니아(Virginia)	5.75%	5.75%
25	캔자스(Kansas)	5.70%	5.70%

순위	주	2021년 세율	2022년 세율
26	아칸소(Arkansas)	5.90%	5.50%
27	미주리(Missouri)	5.40%	5.40%
28	앨라배마(Alabama)	5.00%	5.00%
29	켄터키(Kentucky)	5.00%	5.00%
30	매사추세츠(Massachusetts)	5.00%	5.00%
31	미시시피(Mississippi)	5.00%	5.00%
32	노스캐롤라이나(North Carolina)	5.25%	4.99%
33	일리노이(Illinois)	4.95%	4.95%
34	유타(Utah)	4.95%	4.95%
35	오하이오(Ohio)	4.80%	4.80%
36	오클라호마(Oklahoma)	5.00%	4.75%
37	콜로라도(Colorado)	4.55%	4.55%
38	애리조나(Arizona)	4.50%	4.50%
39	루이지애나(Louisiana)	6.00%	4.25%
40	미시간(Michigan)	4.25%	4.25%
41	인디애나(Indiana)	3.23%	3.23%
42	펜실베이니아(Pennsylvania)	3.07%	3.07%
43	노스다코타(North Dakota)	2.90%	2.90%
44	알래스카(Alaska)	0.00%	0.00%
45	플로리다(Florida)	0.00%	0.00%
46	네바다(Nevada)	0.00%	0.00%
47	뉴햄프셔(New Hampshire)	0.00%	0.00%
48	사우스다코타(South Dakota)	0.00%	0.00%
49	테네시(Tennessee)	0.00%	0.00%
50	텍사스(Texas)	0.00%	0.00%
51	와이오밍(Wyoming)	0.00%	0.00%

출처: TAX FOUNDATION

미국에서 부동산을 살 때
발생하는 국내 세금

취득할 때 발생하는 세금

한국에서 거주하는 개인이 미국에 집을 사면 미국 세금뿐만 아니라 한국 세금도 내야 합니다. 미국과 마찬가지로 취득할 때, 보유할 때, 처분할 때 발생합니다. 기본적으로 해외 부동산을 취득할 때 발생하는 취득세는 없습니다. 투자하는 국가에서 취득세를 부과한다면 그 국가에만 납부하면 됩니다.

하지만 만약 부모나 친족 등에게서 자금을 증여받아 해외 부동산을 구입했다면 '상속세 및 증여세법'에 따라 증여세를 납부해야 합니다. 이는 해외 부동산뿐만 아니라 국내 부동산을 구입할 때도 동일하게 적용됩니다.

보유할 때 발생하는 세금
———

미국에 부동산을 보유한 사람은 임대 매출에 대한 임대 소득세를 납부해야 합니다. 소득세법 제3조에 따라 개인이 해외 부동산에서 임대소득이 발생한 경우 다음 연도 5월 31일까지 종합소득세 신고·납부 기간에 다른 소득과 합산해 신고·납부할 의무가 있습니다.

처분할 때 발생하는 세금
———

소득세법 제118조의2~제118조의8에 따라 해외 부동산을 처분했을 때 양도소득세를 신고·납부해야 합니다. 주의해야 할 점은 현지 국가에 양도소득세를 납부했다면 세액공제를 받거나 필요 경비에 산입할 수 있다는 점입니다. 즉 이중으로 양도소득세를 납부하는 게 아니라 차액만큼 납부하면 됩니다.

미국 소득세 신고 시
알아야 할 경비 처리 항목

1. 부동산 감가상각

부동산 감가상각 비용 공제액은 다른 여러 가지 비용 중 가장 비중이 큽니다. 투자 부동산이 임대가 가능하게 된 날로부터 시작해 주거용 부동산은 27.5년, 상업용 부동산은 39년에 걸쳐 건물 가격을 감가상각해 비용으로 인정받을 수 있습니다. 단독주택, 콘도, 아파트, 주차장, 수영장, 테니스 코트, 벽 등 어떤 건물이나 구조물의 대수선 비용이 모두 해당합니다.

2. 설비에 대한 감가상각

부동산 임대를 위해 설치한 유형자산은 보통 5년에 걸쳐 감가상각이 가능합니다. 예를 들어 식기세척기, 세탁기, 건조기, 냉장고, 인덕션, 전자레인지, 가구, 카펫 등입니다. 이런 유형자산을 5년에 걸쳐 감가상각하려면 27.5년 동안 부동산 구입 가격과 함께 감가상각하거나 따로 분리해 감가상각할 수도 있습니다.

3. 각종 수리 비용

유지 보수를 위해 사용한 모든 비용은 과세 연도에 전부 공제받을 수 있습니다. 예를 들어 누수에 의한 배수관 수리, 막힌 하수관을 뚫는 데 쓴 비용, 페인트칠을 다시 하는 데 든 인건비와 재료비 등이 있습니다. 미국 국세청에서는 과세 연도에 바로 비용 인정이 가능한 경비와 몇 년에 걸쳐 감가상각해야 하는 '대수선' 비용을 구분합니다. 따라서 지출된 해에 빨리 공제받으려면 대수선보다는 주기적으로 보수를 하는 것이 유리합니다. 물론 대수선을 할 경우 부동산의 가치가 올라간다는 장점이 있습니다.

4. 대수선 공사

부동산의 대수선은 주로 부동산의 개선, 변경 또는 복원을 위해 합니다. 대수선은 부동산 구성물을 교체·복원하거나 다른 용도로 변경하는 것을 말합니다. 따라서 수리는 즉시 공제할 수 있지만, 대수선은 몇 년에 걸쳐서 감가상각해야 합니다. 예를 들어 간단한 하수구 수리 비용은 당해 전액 공제할 수 있습니다. 반면 하수시설 교체의 경우 정해진 연수에 걸쳐 감각상각해서 공제합니다.

5. 관리비와 협회비

대부분의 콘도와 타운하우스는 콘도 관리비(Maintenance Fee)나 협회 비용이 발생합니다. 이런 비용은 임대 매출이 발생한 당해 연도에 공제할 수 있습니다.

6. 부동산 관리대행 수수료

미국에서 부동산을 홍보하거나 임차인을 구할 때 공인중개사나 관리대행업체를 이용합니다. 이때 지급하는 수수료도 공제받을 수 있습니다. 수수료는 주마다 다른데, 미국 하와이의 경우 장기임대는 매달 임대료의 10%, 단기임대는 매출의 15~20%를 수수료로 가져갑니다. 이때 수수료는 당해 연도에 전액 공제됩니다.

7. 청소 및 유지 비용

미국의 경우 임차인에게 원상복구 의무가 있습니다. 따라서 청소 비용은 임차인에게 청구됩니다. 에어비앤비와 같은 단기 숙박 공유 플랫폼을 보면 대부분의 숙소가 숙박비와 별도로 청소비를 부과하고 있습니다. 청소 및 유지 비용은 예를 들어 청소비, 세탁비, 잔디 관리비, 수영장 청소비, 해충박멸 서비스 이용비 등입니다.

8. 법률 및 전문 서비스 비용

회계사 비용, 변호사 비용, 감정평가 비용, 부동산 컨설팅 비용 등 법률 및 전문 서비스 이용 비용 또한 당해 연도에 전액 공제됩니다.

9. 각종 공과금

만약 집주인이 부동산을 관리, 유지하기 위해 전기세, 수도세, 하수도세, 인터넷 사용, 넷플릭스 월정액 등 비용을 낸다면 이런 공과금도 전액 공제됩니다.

10. 보험료

———

미국에서 임대용 부동산은 주거용이라도 보험에 가입하는 것이 일반적입니다. 이런 보험은 법적 책임, 화재, 홍수, 허리케인, 태풍, 지진 등으로 인한 피해로부터 부동산 소유자를 지켜줍니다. 이 비용 또한 당해 전액 공제됩니다.

11. GET 및 TAT

———

미국은 주마다 다른 부가가치세 정책과 부가가치세 요율을 운영하고 있습니다. 하와이의 오하우(O'ahu)섬 안에서는 임대 부동산으로부터 받은 소득의 4.712%를 GET로 냅니다. GET는 한국의 부가가치세와 유사한 세금입니다. 또한 만약 180일 이하의 기간 동안 부동산을 임대한 경우 추가적으로 10.25%의 TAT를 내도록 되어 있습니다. TAT는 일종의 단기 숙박세입니다.

　이 세금들은 당해 연도에 모두 공제됩니다. 또한 관리대행 수수료를 계산할 때도 임대 매출에서 GET 및 TAT는 차감하고 남은 순수익에서 일정 비율을 곱해 계산합니다.

12. 재산 손실

———

이런 일이 발생하지 않으면 좋겠지만, 부동산 임대를 하다 보면 갑작스러운 화재, 홍수, 강도 등 예기치 못한 사고에 의해 피해를 받을 때도 있습니다. 이때 손실의 범위에 따라 보험에 의해 보상받지 못하는 손실이 있다면, 그만큼 공제를 요청할 수 있습니다.

13. 사무실 임대료 및 마케팅 비용

———

미국 부동산 투자와 임대 사업을 위해 미국에 법인을 설립한 경우 본점 주소지가 필요합니다. 또한 임대 부동산 관리를 위해 실제로 사무실을 사용할 수도 있습니다. 이때 발생하는 사무실 임대료 또한 임대 사업을 위한 적격 필요 경비로 인정받을 수 있습니다. 그 외 임대용 부동산을 홍보하기 위해 발생하는 마케팅 비용이나 각종 수수료 또한 당해 공제받을 수 있습니다.

14. 출장 비용

———

임대용 부동산을 보유한 법인의 대표나 직원은 임대 부동산을 관리하기 위해 부동산에 들러야 하고 각종 소모품도 구입해야 합니다. 임대용 부동산에 일이 생겨 가끔 방문하려면 교통 비용이 발생합니다. 실제 차량 비용(주유비, 수리 유지비)을 공제하거나 표준 마일리지 요율만큼 공제할 수 있습니다. 공제받기 위해서는 반드시 몇 마일을 이동했는지 출장지와 통행거리를 기록해둬야 합니다.

만약 임대용 부동산이 장거리에 위치한 경우 항공료, 열차나 버스비, 렌트카, 호텔 숙박비, 식대가 발생할 수 있습니다. 이 비용의 50%까지 공제가 가능합니다. 임대 활동은 임차인과의 조율, 수리, 대수선, 마케팅, 부동산 변호사나 회계사와의 미팅 등이 있습니다. 이런 출장비용은 정상적이고 임대 활동을 수행하기 위해서 필수적이어야 합니다. 또한 각종 증빙을 잘 보관해야 합니다.

15. 임대 사업에 필요한 장비

———

부동산 소유주와 부동산 투자자로서 필요한 컴퓨터, 소프트웨어, 복사기, 카메라 등 구입비에 대해서 100만 달러까지 공제할 수 있습니다. 물론 소규모 임대인이라면 이 정도 규모의 공제까지는 필요하지 않을 것입니다. 그러나 만약 대형 건물 전체를 소유하거나 상업용 상가를 여러 채 보유하고 임대하는 경우 이런 장비가 필요할 수 있습니다.

한국과 달리 이렇게 많은 항목을 임대 수익에서 공제하고 나면 실질적으로 과세표준이 되는 재무제표상의 순이익이 마이너스가 되는 경우가 많습니다. 이자율에 따라 다르나 경험적으로 보통 대출을 50% 이상 받은 경우 감가상각비, 대출이자, 관리비, 관리대행 수수료만 넣어도 이미 과세표준은 0에 가까워집니다.

1031 Exchange 제도를
적극 활용하자

양도소득세를 안 내도 된다고?

미국에는 1031 Exchange라는 제도가 있습니다. 1031 Tax Deferred Exchange라고도 불리는데요. 미국 국세청 내 코드번호(Internal Revenue Code) 1031에서 그 이름을 얻었습니다. 이 제도를 활용하면 부동산을 판매할 때 양도소득세를 내지 않고 유예받을 수 있습니다. 따라서 다음 부동산을 구매할 때 부동산의 매도대금 전체를 재투자할 수 있죠. 이 제도의 가장 큰 장점은 계속해서 1달러라도 더 비싼 집을 사면 횟수에 상관없이 마지막 집을 파는 순간까지 양도소득세가 유예된다는 점입니다.

　한국에서는 부동산 양도소득세를 납부하느라 재투자를 하고 싶어도 더 작은 부동산으로 규모를 줄이는 경우가 많습니다. 하지만 미국은 1031 Exchange 제도를 통해 이런 상황을 면할 수 있습니다. 또한 유예된 양도소득세는 미래에 납부하기 때문에 실제 부담액이 줄어듭니다.

　미래의 1달러는 현재의 1달러보다 훨씬 적은 가치를 지닙니다. 인플레이션이 심각한 시기가 아니라도 보통 물가는 매년 2~3% 정도 오릅니다. 이에 따라 화폐의 가치는 점점 하락하기 마련입니다. 따라서 이 제도를 활용하면 내가 죽을 때까지 양도소득세를 유예시킬 수 있기 때문에 자산 증식에 도움이 됩니다.

　미국 부동산 정책의 기저에는 열심히 일한 자국민이 미국 땅에서 안정적으로 정착할 수 있게 해주자는 생각이 있습니다. 그래서 국민이 국가에 세금을 납부하느라 주거의 안정성을 해치는 조세정책은 펼치지 않습니다. 사실 양도소득세뿐만 아니라 부동산을 살 때, 보유할 때, 매각할 때를 보면 미국이 얼마나 부동산 투자를 장려하는지 알 수 있습니다.

　예를 들어 취득세를 부과하지 않는 점을 비롯해 부대비용을 공제해주는 것이나 몇몇 주에서 주택의 시세가 올라도 재산세를 최초 주택 구입가격 기준으로 계산하는 것이나 더 비싼 집을 사면 양도소득세를 유예해주는 것을 보면 알 수 있습니다.

1031 Exchange 제도를 적용받기 위한 조건

1031 Exchange 제도는 집을 사고판다고 해서 무조건 적용받을 수 있는 건 아닙니다. 다음의 조건을 만족해야 적용받을 수 있습니다.

- 현재 부동산의 매각대금, 총수입을 다음 부동산 구매에 전액 사용해야 한다.
- 현재 부동산이 팔리고 잔금 절차가 마무리된 후 45일 안에 1달러라도 더 비싼 부동산을 찾아야 한다.
- 현재 부동산의 매각 절차가 끝나고 6개월(180일) 이내에 새 부동산의 구입을 마쳐야 한다.
- 다음 부동산을 구입할 때 모기지론의 금액이 매도한 부동산의 모기지론 금액보다 커야 한다.
- 현재 부동산과 다음 부동산은 모두 미국 내 부동산이어야 한다.
- 부동산의 취득 목적이 투자용이어야 한다.

그렇다면 우리 같은 외국인도 이러한 제도의 혜택을 받을 수 있을까요? 물론입니다. 1031 Exchange 제도는 외국인도 신청해서 적용받을 수 있습니다. 외국인 개인뿐만 아니라 외국인이 주주인 법인도 혜택을 받을 수 있습니다. 양도소득세 유예를 받기 위해서 반드시 같은 종류의 부동산을 사고팔아야 하는 것은 아닙니다. 투자용 아파트를 팔아서 투자용 상업 건물을 사는 경우에도 양도소득세를 유예받을 수 있습니다. 즉 부동산의 종류가 같을 필요는 없습니다.

다만 그 취득 목적이 투자용 자산이어야 합니다. 투자용 아파트를 팔아서 주거용 아파트를 사거나 별장용 아파트를 사는 경우에는 적용받을 수 없습니다. 또한 부동산을 판매하는 초기부터 중개사와 에스크로 서비스를 담당하는 소유권 회사나 클로징 전문 변호사에게 1031 Exchange를 신청한다고 얘기하고 이를 서류에 기재해야 합니다.

한편 앞선 조건을 보면 '반드시 더 비싼 부동산을 사야 한다.'라고 되어 있습니다. 하지만 더 저렴한 부동산 2~3개를 사도 적용받을 수 있습니다. 예를 들어 100만 달러짜리 부동산을 팔아 50만 달러와 51만 달러의 부동산 2개를 매수해도 신청할 수 있습니다.

외국인이라면 이것만은 유념하자

물론 이 제도를 신청한다고 해서 100% 무조건 적용받을 수 있는 건 아닙니다. 특히 외국인은 이 점을 유념해야 합니다. 미국에는 'FIRPTA'라는 제도가 있습니다. 쉽게 말하면 '외국인 부동산 투자 원천징수법'입니다. 외국인이 미국에서 부동산 투자를 한 후 매각하고 에스크로 회사를 통해 대금을 치를 때 매각대금의 일정 비율을 원천징수하는 제도입니다.

예를 들어 첫번째 집의 잔금이 매우 빨리 진행되었는데 미국 국세청에서 1031 Exchange를 제시간에 처리해주지 않을 수도 있습니다. 이때 에스크로 회사는 원천징수를 먼저 해버릴 수도 있습니다. 따라서 원천징수를 당했다가 몇 달 뒤 돌려받을 수도 있음을 유의해야 합니다. 복잡하죠? 그래서 경험이 많은 세무사를 만나는 것이 중요합니다.

외국인 부동산 투자
원천징수법(FIRPTA)이란?

세금 '먹튀' 방지법

미국은 외국인이 부동산에 투자하더라도 규제나 불리한 제약이 거의 없습니다. 하지만 단 한 가지 불리한 제도가 있습니다. 외국인 부동산 투자 원천징수법(FIRPTA)입니다. 미국에 외국인 신분으로 부동산에 투자한 뒤에 매각대금을 한국으로 다시 회수할 때 반드시 알아야 할 제도입니다. 발음도 어려운데요. 'Foreign Investment in Real Property Tax Act of 1980'의 약자입니다.

이 제도는 간단히 얘기하면 외국인이 미국의 부동산을 팔 경우 매각대금의 일정 비율을 일단 원천징수하는 제도입니다. 그랬다가 양도소득세 납부를 확인한 뒤 돈을 돌려줍니다. 외국인투자자에게는 사실 불편하고 불리한 법입니다. 하지만 부동산 매각대금을 빼앗는 게 아니라 세금을 잘 내면 돌려주므로 결국 '납세'만 잘하면 됩니다.

이 제도는 많은 외국인투자자가 부동산을 처분한 뒤 세금을 내지 않고 미국을 떠났기 때문에 생겼습니다. 미국 부동산 시장은 전세계 투자자가 모이는 곳입니다. 따라서 미국 입장에서는 이런 '먹튀'를 지켜볼 수만은 없었죠. 여기서 말하는 '처분'은 세법의 모든 종류의 처분을 의미합니다. 여기에는 판매 또는 교환, 청산, 상환, 증여, 양도 등이 모두 포함됩니다.

외국인으로부터 미국 부동산을 구매하는 사람은 에스크로 회사를 통해 구매대금의 15%를 원천징수해서 미국 국세청에 송금하게 되어 있습니다. 즉 원천징수 의무자는 부동산의 구매자입니다. 매도자는 부동산 판매대금을 매수인에게 받는데, 일단 법에서 정한 원천징수금을 제외하고 받습니다. 따라서 매수인은 공인중개사와 에스크로 회사를 통해 매도인이 외국인인지 확인해야 합니다.

매도인이 외국인인데 원천징수하지 않으면 매수인이 매도인의 세금을 대신 내야 할 수도 있습니다. 물론 매수자가 주택을 거주용으로 구매하고, 주택의 가격이 30만 달러 이하라면 진술서(Affidavit)를 제출하면 됩니다. 이 경우 원천징수를 피할 수 있습니다. 원천징수율은 10~15%(2022년 12월 기준)입니다. 만약 부동산을 미국인과 외국인이 공동으로 소유한 경우 각 매도인의 지분에 그 비율만큼 외국인에 해당하는 부분만 원천징수하면 됩니다.

피할 수 있는 방법도 있을까?

그런데 'FIRPTA'를 피할 수 있는 방법도 있습니다. 앞서 설명한 대로 매수자가 거주용으로 부동산을 구입하고, 부동산 가격이 30만 달러 이하인 경우 매수자에게 진술서를 받아 제출하는 방법이 있습니다. 만약 집값이 30만 달러를 넘고 원천징수액이 양도소득세 최고세율 기준의 금액보다 크다면 IRS 8288-B라는 서식을 제출해 원천징수를 피하는 방법도 있습니다. 이런 절차를 위해서는 부동산을 판매하기 전에 ITIN이라는 비거주자용 납세자 번호를 미리 발급받는 것이 좋습니다. ITIN을 발급하는 데는 몇 달이 소요되기 때문입니다.

그다음 방법으로는 1031 Exchange 제도를 활용하면 됩니다. 예를 들어 A라는 투자용 부동산을 매각하고, B라는 투자용 부동산을 매수했다고 생각해봅시다. 이때 B는 1031 Exchange 제도를 활용했습니다. 그렇다면 양도소득세의 과세는 미국에서 유예됩니다. 따라서 원천징수 의무인 FIRPTA도 피할 수 있습니다.

물론 반드시 에스크로 회사, 공인중개사, 매수인에게 사전에 알려줘야 합니다. 하지만 만약 미국 국세청에서 이를 늦게 처리해주면 에스크로 회사는 국세청의 확인을 받지 못해 일단 원천징수를 해서 국세청에 보내게 됩니다. 그래서 이 경우 1031 Exchange를 많이 다뤄본 전문가에게 맡길 필요가 있습니다.

외국인도 받을 수 있는 주택담보신용대출로
현금 부담을 줄이다

D씨는 40대 초반의 남성으로 금융회사에 근무하고 있다. 결혼하기 전에는 이탈리아 카프리(Capri), 프랑스 니스(Nice), 몰디브 등 휴양지로 세계여행을 다니는 게 인생의 낙이었다고 한다. 결혼하고 아이들이 2명이 되다 보니 먼 곳으로 여행 가기가 어려워졌고, 매년 하와이로 가족여행을 가는 게 전부였다. 8월 성수기에 항상 하와이로 여행을 갔는데, 그때마다 와이키키에 호텔을 잡기 어려웠다고 한다. 그래서 혼자 독학으로 공부를 해서 와이키키에 작은 콘도를 전액 현금으로 매수했다.

그런데 D씨는 나를 만나기 전까지 외국인이 미국에서 주택담보신용대출을 받는 게 불가능하다고 알고 있었다. 심지어 '질로우'에서 직접 검색한 미국인 중개사를 통해 부동산을 매수했는데, 이 미국인도 외국인이 미국에서 주택담보신용대출을 받을 수 없다고 알려줬다고 했다.

미국에 임대 목적의 부동산을 구입할 때는 대출을 받는 것이 유리할 때도 있다. 개인의 종합소득세율 구간을 따져 대출이자를 비용 처리할 시 납부해야 하는 종합소득세금이 훨씬 줄어들 수도 있기 때문이다. 게다가 나머지 투자금을 다른 용도로 운용해 얻게 되는 기회비용도 무시할 수 없다.

이미 미국에 부동산을 소유한 경우에는 외국인도 재융자(리파이낸싱)를 받거나 주택담보신용대출을 받을 수 있다. 주택담보대출의 경우 보통 고정금리 대출이 가능하지만, 원금과 이자를 함께 갚는 상환방식을 선택해야 한다. 하지만 주택담보신용대출의 경우에는 이자만 갚으면 되는 방식이기 때문에 매달 현금 흐름이 덜 부담된다.

나는 D씨가 미국 현지 은행에 주택담보신용대출을 받을 수 있도록 방법을 제안했고 은행을 연계시켜줬다. 집을 전액 현금으로 구입한 후 집을 담보로 신용대출을 받더라도 대출이자는 투자용 임대부동산의 임대 매출에 대한 비용으로 공제받을 수 있다.

이렇게 전액 현금으로 구입 후 임대 사업을 하다가 주택담보신용대출을 받게 되면 매수한 부동산에서 지불되는 대출이자 없이 그동안 임대소득이 발생한다. 따라서 미국 내에 임대 매출이 인식

되고 이미 세금 신고·납부한 자료가 있기 때문에 주택을 매수할 때 개인의 한국 내 소득 자료만 갖고 주택담보대출을 실행하는 것보다 대출을 받기가 더 유리해진다. 투자한 주택에서 나오는 임대소득까지 합산되기 때문에 받을 수 있는 대출금도 늘어나게 된다.

D씨는 내 조언에 따라 구매한 미국 집을 담보로 신용대출을 받아서 새로운 콘도 분양권를 전액 대출로 구매할 수 있었다. 미국의 주택담보대출은 한국과 달리 30년 고정금리 상품 비율이 높다. 변동금리라고 해도 상품에 따라 3, 5, 6, 10년 고정금리를 유지한 뒤 금리를 재산정하는 하이브리드형 변동금리 상품이 많다. 많은 은행의 주택담보신용대출은 이런 하이브리드형 변동금리 상품을 제공하고 있다.

D씨는 2022년 4월에 3%대 금리로 5년 고정 후 변동 조건으로 대출을 받았다. 이후 금리가 급격히 인상된 걸 돌아보면 정말 낮은 금리에 대출을 받아 주택을 구입한 것 같다.

투자 포인트

☐ 미국에서는 외국인도 주택담보신용대출을 받을 수 있다.

☐ 주택담보신용대출을 받으면, 남은 투자금을 다른 용도로 운용할 수도 있고 매달 들어가는 현금 부담도 덜 수 있다.

☐ 전액 현금으로 매수해 미국 내 소득을 발생시킨 뒤, 주택담보대출을 받으면 대출 조건이 더 유리해진다.

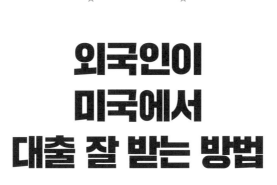

외국인이
미국에서
대출 잘 받는 방법

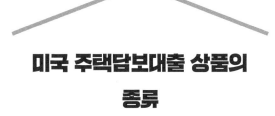

미국 주택담보대출 상품의
종류

일반대출(Conventional Loan)

일반대출은 가장 일반적인 형태의 주택담보대출입니다. 비거주자 외국인이 주택을 구입할 때 보통 이런 대출을 받습니다. 연방정부가 100% 보증을 보장하지는 않기 때문에 다른 대출에 비해 은행에서 요구하는 자기자본투자금이 10~20% 정도 더 높습니다. 반면 총부채상환비율(DTI Ratio: Debt to Income Ratio)은 낮습니다. DTI 비율은 쉽게 얘기하면 매월 발생하는 세후소득 대비 매월 지출되는 비용(원금, 대출이자, 관리비, 재산세, 보험료, 자동차 할부금 등)의 비율입니다. 이 비율이 높아질수록 소득 대비 비용이 높다는 걸 의미합니다. 따라서 낮은 DTI 비율을 요구할수록 정기적으로 쓰는 지출보다 소득이 훨씬 커야 합니다.

또한 은행에서 대출을 받으려면 보험에 가입해야 하는 등 조건이 엄격합니다. 은행마다 다를 수 있으나 보통 비거주자 외국인에게는 주택 감정평가 금액의 60~70%까지 대출을 제공합니다.

연방정부 주택보증대출(Federal Housing Administration Loan)

연방정부 주택보증대출은 연방정부가 보증을 서주는 대출입니다. 그래서 일반대출보다 적은 자기자본투자금으로 집을 살 수 있습니다. 그리고 DTI 등의 요건도 일반대출보다 유리합니다.

보통 이 대출은 생애 최초 주택을 구입하는 미국인들에게 제공됩니다. 집을 살 때 LTV도 더 많이 나오고 신용에 대한 요건도 까다롭지 않습니다. 그러나 일반대출보다 최대 가능한 대출금액이 적다는 단점이 있습니다. 또한 주택담보대출 보험에 반드시 가입해야 합니다. 물론 이 대출은 미국 거주자이면서 영주권자인 사람만 받을 수 있기 때문에, 비거주 외국인은 해당되지 않습니다.

군인 특별 대출(Veterans Affairs Loan)

미국에서 군인은 국민들의 존경을 받는 직업입니다. 국가에서도 군인에게 다양한 경제적 지원을 해줍니다. 그중 하나가 군인 특별 대출입니다. 이는 군인에게만 제공하는 특별대출입니다. 미국에서 군인들은 집을 구매할 때 보통 자기자본투자금이 없어도 집을 살 수 있습니다. 요건도 까다롭지 않으며 대출 한도도 일반대출의 최대 한도로 제공합니다. 이 대출 또한 외국인은 신청하기 어렵습니다.

미국의 대출 금리 상품은
어떤 것이 있을까?

FRM과 ARM

앞서 비거주자 외국인이 가장 많이 받는 대출은 '일반대출'이라
고 했습니다. 이런 일반대출의 대표적인 상품은 '30 year FRM'과
'30 year ARM'이 있습니다. 여기서 FRM은 고정금리(Fixed Rate
Mortgage)를 말하고, ARM은 변동금리(Adjustable Rate Mortgage)
를 말합니다. FRM 상품 중 '15 year FRM' 상품도 있습니다. 다만
15년 안에 원금을 갚아야 하기 때문에 매월 원리금 상환액이 너무
많습니다. 그래서 보통 주택 구매자들은 30년 만기로 선택합니다.

'30 year FRM' 상품은 우리나라 사람들에게도 가장 익숙한 주택담보대출 상품입니다. 그래서 자세한 설명은 생략하겠습니다. 반면 '30 year ARM'은 우리나라에서는 생소한 개념입니다. 단순 변동금리가 아니기 때문입니다. ARM은 변동금리이나 고객들이 약정하는 대출 상품은 하이브리드 ARM이라고 해 10/1 ARM, 7/1 ARM, 5/1 ARM로 나뉩니다. 보통 평균적인 미국인들은 집을 구매한 뒤 대출을 상환하는 데 7년 정도 걸린다고 합니다. 그래서 ARM 중에서도 7/1 ARM이나 10/1 ARM을 가장 많이 선택합니다.

그렇다면 10/1은 어떤 의미일까요? 10은 '10년' 동안 고정금리를 제공한다는 의미입니다. 그리고 뒤의 숫자인 '1'은 10년이 지난 후에는 1년마다 변동금리로 이자를 재산정한다는 의미입니다. 만약 30년 만기의 ARM이고 10/1 ARM인 경우 10년간 고정금리로 이자를 납부하고 11년차부터 만기까지 매년 금리를 재산정하는 상품입니다. 복잡해 보이지만 미국인들의 경우 FRM과 ARM의 금리 차이는 크지 않습니다.

하지만 외국인투자자의 경우는 다릅니다. 보통 미국 은행들은 외국인에게 FRM의 금리 대비 더 낮은 금리의 ARM 상품을 제공해줍니다. 특히 기준금리가 급격히 오른 시점에는 ARM의 금리가 FRM 대비 크게 낮은 경우가 많습니다. 왜냐하면 FRM의 금리는 기준금리와 함께 움직이기 때문입니다. 하지만 ARM은 이자율 산정방식이 다릅니다.

ARM의 경우 인덱스(Index)라고 해서 이자율 계산 시 사용되는

∘ **ARM 관련 중요 개념**

- 인덱스(Index): ARM 이자율 계산 시 사용되는 경제지표
- 마진(Margin): ARM 이자율을 매길 때 인덱스에 더해지는 추가적인 이자율(은행마다 자체적으로 결정)
- 가장 대표적인 인덱스(은행마다 다름)

  11th District Cost of Funds Index(COFI)

  London Interbank Offer Rate(LIBOR)

  FHFA Monthly Interest Rate Survey(MIRS)

  12-month Treasury Average Index(MTA)

  Constant Maturity Treasury(CMT)
- 할인 포인트(Discount Points): 1point는 보통 전체 대출금의 1%와 동등하다고 보면 된다. 보통 대출받는 최초 시점에 1point를 지불하면, 즉 대출금의 1%를 일시에 납부하면 전체 대출 기간에 대한 이자율이 보통 0.25% 정도 낮아진다.
- 중도상환 수수료(Prepayment Penalties): 은행마다 다르게 부과하며 없는 경우도 많고 미국의 은행은 보통 6개월 이후부터는 중도상환 수수료가 없다.

경제지표(COFI: Cost of Funds Index, LIBOR: Londen Interbank Offer Rate 등)를 참고합니다. 그리고 경제지표에 각 은행에서 자체적으로 정하는 마진을 더하게 되는데 시중 은행들은 기준금리가 올라간다고 이를 바로 반영하진 않습니다. 왜냐하면 은행들이 자체적으로 금리를 결정하는 상품이기 때문입니다.

ARM의 장점과 단점

ARM의 장점은 다음과 같습니다.

- ARM은 일반적으로 FRM보다 금리가 낮다.
- 적어도 5~10년은 낮은 고정금리가 적용되는 하이브리드형이 있다.
- 5~10년 안에 집을 매각할 계획이라면 FRM 대비 이자 비용이 덜 들어간다.
- 5~10년이 지난 뒤 이자율이 올라갈 수도 있지만 내려갈 수도 있다.

ARM의 단점은 다음과 같습니다.

- 고정금리 기간 이후에는 이자율이 변동하므로 장기적인 지출 설계가 힘들다.
- 고정금리 기간 이후 금리가 크게 오르면 원리금 상환액이 크게 높아질 수 있다.
- 은행마다 이자율을 책정하는 인덱스와 마진이 다르므로 은행 간 단순 상품 비교가 어렵다.

미국 부동산을 10년 이상 장기 보유할 예정이고, 이자율이 앞으로 계속 오를 것 같다면 FRM을 선택하는 것이 좋습니다. 한편 이 자율이 급격히 올라갈 때 ARM 상품을 선택했더라도, 나중에 이 자율이 낮아지면 FRM으로 대출을 다시 받는 재융자(리파이낸싱)도 가능합니다.

미국 은행에서
검토하는 주요 항목

미국에서 외국인이 주택담보대출을 받을 때 이용할 수 있는 은행이나 금융기관은 다양합니다. 우리나라의 제1금융권 은행과 유사한 상업은행(Commercial Bank)부터 모기지 전문은행(Mortgage Bank), 상호저축은행(Mutual Savings Bank), 생명보험회사(Life Insurance Company) 등 다양한 금융기관이 주택담보대출 상품을 취급합니다. 우리나라와 마찬가지로 각각의 금융기관이 서로 다른 심사 기준, 요구 서류, 검토 항목을 갖고 있습니다.

여기서는 미국의 1차 금융시장의 일반적인 상업은행을 기준으로 주택담보대출을 제공할 때 검토하는 기본 조건 4가지를 살펴보겠습니다. 일반 상업은행은 비교적 엄격하고 까다로운 조건을 요구하지만, 이자율이 상대적으로 낮다는 장점이 있습니다.

부동산의 유형(Type of Property)과 구매목적(Purpose of Purchase)
─────

미국의 시중 은행이 주택담보대출을 제공할 때 가장 먼저 검토하는 것은 어떤 유형의 부동산을 구입하는지와 구매 목적입니다. 주택인지 상업용 부동산인지, 주택 중에서도 단독주택, 콘도인지 타운하우스나 멀티유닛 혹은 콘도텔인지 점검합니다. 한국과 다르게 미국은 상업용 부동산의 경우 대출이 가능한 LTV가 더 낮게 책정되는 것이 일반적입니다. 외국인이 상업용 부동산을 구입할 경우 보통 50~60%까지만 대출이 가능합니다.

반면 은행마다 내부 규정은 다르겠지만 단독주택이나 콘도는 외국인의 경우에도 감정평가 금액의 70%까지 대출이 가능합니다. 또한 멀티유닛, 즉 다가구의 경우 4가구(Fourplex)까지만 주택으로 간주되고 5가구가 넘어가면 상업용 부동산 담보대출을 받아야 합니다.

다음은 해당 부동산의 구입 목적입니다. 보통 주택을 구입하는 경우는 3가지의 이용 목적이 있습니다. 바로 주거용(Primary), 투자용(Investment), 별장용(Second Home)입니다. 일반적으로 별장용의 경우가 가장 높은 LTV로 대출을 받을 수 있습니다. 이 부분이 처음에는 저도 이해가 되지 않았는데, 대출 담당자의 설명을 들으니 납득이 되었습니다. 별장용의 경우 상시 거주하는 사람이 없기 때문에 부동산이 덜 손상되어 감가상각이 적게 된다고 보고 더 높은 담보가치를 인정해주는 것입니다.

자기자본투자금의 원천(Downpayment Source)

앞서 미국에서 부동산을 구입할 때 부동산 대금에서 대출금을 제외한 자기자본투자금에 대해서 소개한 바 있습니다. 은행은 주택담보대출을 제공하기 전에 자기자본투자금이 본인의 돈인지, 빌린 돈인지, 본인의 돈이라면 어떻게 모은 돈인지 그 원천을 검토합니다.

돈의 합법적인 원천은 본인이 근로나 사업으로 벌어서 저축했거나, 투자를 통해 벌어들인 수입이거나, 로또 복권에 당첨된 돈이거나, 퇴직금이거나, 제3자에게 받거나 빌렸거나, 유산 상속을 받은 돈 중 하나일 겁니다. 부동산을 구입하기 위한 자기자본투자금이 이 중 어떤 방법으로 생겼는지에 따라 관련된 적합한 증빙을 제출해야 합니다.

대출신청서를 작성할 때부터 자기자본투자금이 예금인지, 주식인지, 다른 부동산이나 자산을 매각해서 생긴 자금인지 등을 점검합니다. 부동산 거래를 할 때 계약금과 잔금의 형태로 돈이 이체되어야 하는데, 이 돈이 이체된 날 또는 대출 심사를 받는 일자를 기준으로 자금이 어디에 있었고, 어디에서 왔으며, 어디로 이체되었는지 자금의 흐름을 추적합니다. 예를 들어 계약금과 잔금이 내 명의의 예금 은행 계좌에 있었다고 합시다. 계약금이 이체된 날과 현재 심사받는 일자를 기준으로 최소 2~3개월의 거래내역서를 요청합니다.

또한 은행마다 자체 규정과 기준은 다르지만 일반적으로 구매자가 더 많이 자기자본투자금을 부담할수록, 즉 대출을 받고자 하는 LTV 비율이 낮아질수록 더 나은 조건과 낮은 이자율의 대출 상품을 제공하는 편입니다. 따라서 대출 금리가 부담되는 시기에는 무조건 높은 LTV를 요구하는 것보다 자기자본투자금 비율을 높여서 낮은 대출 금리 조건을 얻어내는 것도 하나의 방법입니다.

지불 능력(Payment Ability)

다음은 가장 중요하게 검토하는 항목인 대출이자, 원금상환액, 재산세 등 담보 부동산을 유지할 때 드는 비용에 대한 지불능력, 즉 소득에 대한 자료입니다. 대출 신청자가 매월, 매년 벌어들이는 소득이 근로, 사업, 배당, 이자, 연금소득 중 어떤 유형인지, 이 소득이 과거 지난 2년간 일정했는지 혹은 변동성이 있는지를 점검합니다.

이에 대한 증빙으로 근로소득자라면 소득금액증명원과 근로소득 원천징수 영수증을 제출하면 되며, 사업자나 자영업자라면 소득금액증명원을 제출하면 됩니다. 보통 은행에 따라 다르지만 이런 증빙은 최근 2개년치를 요구합니다. 또한 근로소득자의 경우 재직증명서와 최근 2~3개월치 급여명세서를 제출해야 하며 이를 통해 현재 재직 중인지, 소득의 감액이나 증가가 있는지 검토합니다.

신용 기록(Credit Reference)

이제 마지막으로 미국에 주택을 구입하는 외국인 신분의 한국인들이 가장 입증하기 힘들어하는 신용 기록입니다. 대부분의 외국인 신분의 한국인은 미국에 Credit, 즉 신용이 아예 존재하지 않습니다. 미국에서 소비를 하거나 돈을 벌거나 빌린 적이 없기 때문입니다. 다행인 점은 전부는 아니지만 많은 미국의 일반 시중 은행이 외국인 대출 신청자의 거주 국가에서 쌓은 신용 실적을 인정해준다는 것입니다.

미국 은행에서 신용 기록을 검토하기 위해 요청하는 항목은 거주 국가의 공식 인증 기관에서 발행하는 신용점수, 거주 국가에서의 소비 기록, 마지막으로 주거래 은행의 추천서가 있습니다.

그러나 이 신용 기록을 입증하는 과정이 많이 힘들 수도 있습니다. 왜냐하면 내는 자료가 많기도 하고 문화적인 차이도 존재하기 때문입니다. 그래도 저는 지인들에게 감사한 마음으로 이 서류들

° **FICO 점수 등급표**

점수	등급
800 이상	EXCEPTIONAL
740~799	VERY GOOD
670~739	GOOD
580~669	FAIR
300~579	POOR

출처: myfico.com

을 준비하자고 말합니다. 미국 입장에서 우리는 신용이 없는 외국인일 뿐입니다. 그런데도 거주 국가의 신용 기록을 갈음해서 인정해주는 건 우리로서는 감사해야 할 일입니다.

신용 기록을 검토하는 데 있어 가장 중요한 서류는 신용평가보고서입니다. 우리나라에서도 나이스신용평가정보㈜, 코리아크레딧뷰로㈜ 등 무수히 많은 신용평가 기관이 개인의 신용을 1000점 만점 기준으로 평가해 신용평가보고서를 발행해줍니다. 이 보고서를 소정의 수수료와 마우스 클릭 몇 번만으로 발급받아서 미국 은행에 제출하면 됩니다. 보통 670점 이상인 Good 등급 위의 신용점수면 미국의 시중 은행에서 대출을 받는 데 무리가 없습니다.

그다음으로는 거주 국가에서의 소비 기록 자료를 요청합니다. 영어로 하면 Credit Reference, Credit History입니다. 보통 신용카드 12개월치 이용명세서나 이동통신 서비스의 12개월치 납부내역서를 제출하게 됩니다. 여기서는 사용한 금액의 많고 적음보다는 거주 국가에서 신용카드 발급이나 통신사 가입이 되는지, 연체나 미납이 없는지 등을 검토합니다.

마지막으로는 잔금을 납부할 대금이 예치되어 있는 예금 계좌의 은행이나 증권사 담당자로부터 받은 신용추천서(Credit Reference Letter)를 요구합니다. 이런 추천서 문화는 한국에서는 일반적이지 않습니다. 반면 미국에서는 쉽게 은행 직원이 작성해주는 서류입니다. 그래서 문제입니다. 한국 주거래 은행 직원과의 관계가 좋거나 은행 직원이 흔쾌히 추천서를 써주면 별 문제가 되지 않습니다. 하지만 개인들에게 추천서를 써주는 은행 직원은 거의 본 적이 없습니다. 이런 문화적 차이가 발생하면, 미국의 대출 담당자와 상의해 다른 대체 서류를 제출해야 합니다.

외국인이 미국의 일반 상업은행에서 주택담보대출을 받는 건 쉽지 않은 일입니다. 하지만 저는 수십 번도 넘게 지인들이 주택담보대출을 받는 걸 도와줬습니다. 그나마 다행인 건 이런 까다로운 기준은 미국의 일반 상업은행에서만 요구한다는 점입니다. 대출 전문 모기지은행이나 우리나라 저축은행과 유사한 상호저축은행들의 경우 이런 서류를 요구하지 않습니다. 물론 기준과 조건이 완화된 대신 금리는 일반 상업은행보다 높습니다. 따라서 본인의 상황과 필요한 조건에 맞게 선택하면 됩니다.

이렇게 한 번 대출을 받고 나면 두 번째 대출을 받는 건 쉽습니다. 제 지인들이 한결같이 하는 말입니다. 처음이 어려웠지 두 번째, 세 번째는 점점 쉬워집니다. 한국과 다른 문화 때문에 심리적인 어려움이 있지만, 시간이 지나면 모두 별 게 아니었다는 걸 깨닫습니다. 더욱이 이런 까다로운 심사 기준은 미국인에게도 동일하게 적용되는 것입니다. 나한테만 이런 기준을 적용하는 게 아니라는 점을 안다면, 좀 더 마음이 편하지 않을까 생각합니다.

미국에서 대출받을 때
제출하는 서류

대출 신청자가 근로소득자인 경우

이번에는 미국에서 대출받을 때 제출하는 서류를 알아보겠습니다. 물론 제출하는 서류는 은행이나 담당자에 따라 다릅니다. 본인이 부동산을 구입하려는 주의 대출기관에 직접 물어보는 게 가장 정확합니다. 그리고 대출 신청자가 근로소득자인지, 개인사업자인지에 따라 다릅니다. 먼저 대출 신청자가 근로소득자인 경우 필요한 서류를 살펴보겠습니다. 필요한 서류는 다음과 같습니다.

- 재직증명서(이름, 회사명, 부서, 직책, 재직기간 명시)
- 최근 2~3개월치 급여 명세서
- 최근 2년치 소득금액증명원
- 자기자본투자금이 있는 예금이나 주식 계좌의 2~3개월치 거래 내역서
- 예금이나 주식 계좌의 최근 3개월 월말일자 기준 잔고증명서
- 부동산 매매계약서 또는 분양계약서
- 최근 주거 비용(월세, 대출이자, 재산세, 관리비, 보험료 등)
- 거주하는 집이 전월세인 경우 임대계약서
- 부동산을 매도해서 잔금을 치르는 경우 소유한 부동산의 시가 증빙, 등기부등본
- 유효기간이 남아 있는 신분증(여권)
- 신용보고서, 12개월치 신용카드 이용명세서, 통신비 납부내역서
- 재직 여부, 연봉을 확인할 수 있는 회사 인사부서 담당자 이메일

대출 신청자가 개인사업자인 경우

다음으로 대출 신청자가 개인사업자인 경우 필요한 서류를 살펴보겠습니다. 근로소득자가 아니라 개인사업자인 경우에도 주택담보대출을 받을 수 있습니다. 이 경우에는 당연히 근로소득자와는 다른 자료를 제출하게 됩니다. 다음은 일반적으로 미국 은행에서 요

구하는 자료입니다. 앞서 말했듯 해당 주의 대출기관에 물어보는 게 가장 정확하다는 점을 기억합시다.

- 사업자등록증
- 사업체의 최근 2년 재무제표 자료
- 개인사업자의 경우 최근 2년치 소득금액증명원
- 자기자본투자금이 있는 예금이나 주식 계좌의 2~3개월치 거래 내역서
- 예금이나 주식 계좌의 최근 3개월 각 월말일자 기준 잔고증명서
- 부동산 매매계약서 또는 분양계약서
- 최근 주거 비용(월세, 대출 이자, 재산세, 관리비, 보험료 등)
- 거주하는 집이 전월세인 경우 임대계약서
- 부동산을 매도해서 잔금을 치르는 경우 소유한 부동산의 시가 증빙, 등기부등본
- 유효기간이 남아 있는 신분증(여권)
- 신용보고서, 12개월치 신용카드 이용명세서, 통신비 납부내역서

이렇게 제출한 자료를 바탕으로 심사를 거쳐 대출이 확정됩니다. 대출 담당자가 여러 대출 상품을 제시하고 매수자는 원하는 조건의 상품을 고르면 됩니다. 이때 금리를 고정시키고 싶으면 일정 비용을 내고 45일, 60일 정도의 기간 동안 제시한 금리를 보장받도록 'Lock'을 걸 수 있습니다.

따라서 대출을 심사받는 기간 동안 대출 금리가 인상될 것이라고 예상된다면 금리를 고정시키는 게 유리합니다. 이런 비용은 추후 대출을 최종적으로 받게 되면 환불해줍니다.

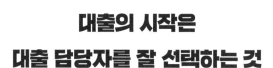

대출의 시작은
대출 담당자를 잘 선택하는 것

론오피서와 론브로커 중 나에게 맞는 담당자를 선택하라

미국에서 대출을 받을 때 한국인들이 가장 어려워하는 부분이 있습니다. 바로 대출 담당자를 선택하는 문제입니다. 저는 지금까지 미국에서 3채의 주택을 구입했습니다. 모두 대출받아 구입했습니다. 그리고 지금까지 한국인인 100명의 고객, 친구, 지인이 미국 부동산에 투자할 수 있게 도움을 줬습니다. 그래서 누구보다 외국인이 비거주자 신분으로 미국 은행에서 대출을 잘 받는 방법을 잘 안다고 자부합니다.

대출의 시작은 우선 론오피서(Loan Officer)와 론브로커(Loan Broker) 중 누구에게 연락할지 결정하는 것입니다. 각각에 대해 설명해보겠습니다. 론오피서는 은행의 대출 담당자를 일컫습니다. 고객이 받는 대출금액에 따라 인센티브를 받긴 하지만, 은행에 속한 직원인 경우가 많습니다.

론오피서의 장점은 중간 브로커가 없기 때문에 은행에서 상대적으로 낮은 금리와 나은 조건의 대출 상품을 제시할 수 있다는 점입니다. 그리고 은행 내부의 사정과 내부 직원을 잘 알고 있고, 업무 경험이 많습니다. 다만 단점은 특별한 경우가 아니면 본인이 속한 은행의 대출 상품만 취급한다는 점입니다. 그래서 다양한 기관의 대출 상품과 비교해줄 수는 없습니다.

론브로커는 본인의 사업체를 운영하거나 대출 중개회사에 속해서 다양한 은행, 증권사, 보험사, 모기지론 전문 금융기관의 대출 상품을 도매로 구입해 고객들에게 판매하기도 하고, 금융기관과 중개를 해주는 사람을 말합니다. 가장 큰 장점은 다양한 상품을 취급하기 때문에 주택 구입자의 사정과 형편에 따라 최적의 상품을 소개해줄 수 있다는 점입니다.

다만 단점은 내가 대출받고자 하는 대출 금액에서 많게는 2%까지 중개수수료가 발생한다는 점입니다. 또한 이들이 취급하는 상품은 은행이나 금융기관에 직접 연락해서 대출을 받는 경우보다 대출 금리가 조금 높을 수 있습니다.

따라서 일정한 소득이 없어 일반 시중 은행에서 대출을 받기 어러운 상황이거나 조금 높은 금리를 지불하더라도 최대한 많은 대출 금액이 필요한 경우라면 론오피서를 찾아가기보다는 다양한 상황과 형편에 맞게 가장 나은 조건으로 대출을 받을 수 있게 방법을 찾아 중개해줄 수 있는 론브로커를 통해 대출을 받는 것이 낫습니다.

제가 제 블로그(글로벌 프론티어 코미의 투자전략노트)의 한 포스팅에서 2021년 말에 2%대 후반, 30년 고정금리로 주택담보대출을 받았다고 글을 올린 적이 있습니다. 그때 어떤 분이 댓글을 다셨습니다. 도저히 있을 수 없는 일이라고 말이죠. 본인이 미국에 살고 있는데 외국인에게 그런 금리를 제공할 수 없다고 했습니다.

그러나 충분히 가능합니다. 물론 제가 대출을 받을 때는 미국의 금리가 낮았던 시기였습니다. 제 운도 한몫한 셈입니다. 하지만 저는 은행 대출 담당자에게 정말 끈질기게 수단과 방법을 다 동원해서 최상의 협상 조건을 얻어냈습니다. 승리의 보상이었던 셈이죠.

제 블로그에 댓글을 달았던 분은 하와이에 주택을 구하며 어떤 대출을 받을지 찾는 것으로 보였습니다. 차라리 제게 조언을 구했더라면 제가 좋은 대출 담당자를 소개해줬을 겁니다. 그게 더 경제적으로 이득을 볼 수 있는 일이지 않을까요?

만약 이미 비싼 금리로 대출을 받았더라도 미국은 언제나 재융자가 가능합니다. 실제 제 주변에는 같은 은행에서도 제 소개를 통해 이전에 협상했던 이자율보다 1%나 저렴한 이자율로 재융자를 받은 분도 있습니다. 만약 대출금이 6억 원이라면, 연 1%는 600만 원입니다. 30년이면 1억 8천만 원에 달하는 금액이죠.

　은행의 대출 담당자인 론오피서는 고객이 대출을 많이 받을수록 인센티브를 많이 받습니다. 그래서 이들은 보통 대출 신청자의 편입니다. 오히려 대출 신청자의 요건을 까다롭게 계산하는 직원은 대출 계리사(Underwriter)입니다. 그렇다면 어떻게 하면 비거주자 외국인 신분으로 저렴한 이자와 많은 대출이라는 두 마리 토끼를 다 잡을 수 있을까요?

적어도 3~4명의 대출 담당자에게 연락하라

미국은 각 은행 홈페이지마다 대출 담당자의 프로필을 모두 조회할 수 있습니다. 이름, 직급, 근무하는 지점, 이메일, 전화번호까지 공개하고 있습니다. 저는 대출을 받을 때 최소한 대출 담당자 3~4명에게 연락하라고 권하고 싶습니다. 왜냐하면 미국 현지 은행마다 비거주자 외국인에게 대출을 제공해주는 것도 다르고, 같은 은행이어도 대출 담당자마다 외국인 대출자를 취급하는지 여부도 다르기 때문입니다.

　또한 시기나 어떤 콘도의 프로젝트인지에 따라 외국인 대출을 취급하지 않기도 합니다. 따라서 1개의 은행에만 연락하지 말고, 적어도 3~4개 은행의 대출 담당자에게 문의하기 바랍니다.

대출 담당자와 협상하라

한국에서 주택담보대출이나 신용대출을 받을 때 한국인들은 제안받은 이자율을 그대로 받아들입니다. 그러나 미국에서는 대출 담당자에게 어떻게 접근하고, 협상하느냐에 따라 제안받는 최종 금리가 달라집니다. 놀랍게도 같은 은행, 같은 담당자인데도 비슷한 수준의 사람에게 각각 다른 이자율을 부과합니다. 제 경험상 같은 담당자인데도 이자율 차이가 1% 넘게 나기도 했습니다. 얼마나 적극적으로 협상하고, 저렴한 이자율을 요청했는지에 따라 이자율이 차이가 납니다.

또한 같은 은행에 근무해도 대출 담당자마다 서로 다른 조건을 제시할 수 있습니다. 아마 대출 담당자의 실적, 재량, 직급, 노하우, 마진 등이 종합적으로 영향을 미치는 것 같습니다. 따라서 대출 담당자가 제안하는 조건을 그대로 받아들이지 말고, 적극적으로 협상해야 합니다.

미국의 대출 상품은 다양합니다. 그리고 대출 금액의 일부를 일시 납부하면 금리 우대를 받을 수 있어 금리를 더 낮출 수도 있습니다. 이런 많은 조건과 정보를 얻어내고 현재 기준으로 프로모션이나 혜택은 없는지, 어떻게 하면 더 나은 조건으로 대출을 받을 수 있을지 협상하기 바랍니다.

대출 담당자를 합리적으로 설득하라

앞서 얘기했듯 기본적으로 대출 담당자는 우리 편입니다. 오히려 대출 계리사가 우리의 적이 될 수 있습니다. 따라서 대출 담당자에게 상황을 잘 설명하면 이해해주는 경우가 많습니다. 그리고 나중에 대출 계리사와 은행 측을 설득해주는 경우도 많습니다. 비거주자 외국인이 주택담보대출을 받는 과정은 결코 쉽지 않습니다. 하지만 이 과정은 외국인뿐만 아니라 미국인들에게도 귀찮은 작업입니다. 서브프라임 모기지 사태로 촉발된 세계금융위기 이후 과정이 까다로워졌기 때문이죠.

미국인들은 집을 사기 위해 주택담보대출을 받는 해와 그 직전 해에는 직장도 이직하지 않고 심지어 해외여행도 가지 않는 경우도 있습니다. 그만큼 큰 지출을 최소화하고 대출 심사를 받는 동안 본인의 재무 상황이 바뀌지 않도록 노력합니다. 그런데 외국인은 미국에서 참고할 만한 신용이 없습니다. 내국인과 달리 미국 내에서 카드를 쓰거나 대출을 받은 적이 없으니 말이죠.

그래서 스스로 자료를 통해 신용을 만들어야 합니다. 이렇게 은행은 신용을 체크하는 과정에서 다양한 서류를 요청하기 시작합니다. 이때 한국과 문화가 다르다 보니 한국에서는 쉽사리 해내기 어려운 요구들을 합니다.

예를 들어 제가 받았던 요청 서류 중에는 한국의 3개 금융기관으로부터 담당자의 서명이 된 추천서를 받아오라는 경우가 있었습니다. 미국에서 집을 사다 보면 미국에서 추천서 문화가 얼마나 흔한 것인지 알 수 있습니다. 그런데 한국의 경우 이런 문화가 익숙하지 않습니다. 아마 추천서라고 해봐야 대학원 지원 시 제출하는 교수님의 추천서 정도가 다일 것입니다. 한국에서 주거래 은행 담당직원에게 추천서를 써달라고 하면 해줄 직원은 거의 없을 겁니다. 뭔가 본인에게 피해가 오진 않을까 싶어 안 써주는 경우가 대부분이죠.

저는 주거래 은행 3곳이나 돌아다니며 추천서를 부탁했었습니다. 그런데 다 문전박대를 당하고 말았습니다. 그래서 한국에서 추천서 문화가 일반적이지 않다는 문화적 차이를 설명했습니다. 대신 이를 갈음할 수 있는 자료들을 제출했습니다. 그러자 대출은 문제없이 실행되었습니다. 따라서 대출 담당자나 대출 계리사가 요청하는 대로 힘들게 서류를 준비하지 않아도 되는 경우가 있습니다. 오히려 합리적인 이유를 대고, 대체 방법을 제안해보는 게 좋습니다.

현지 전문가가 알려주는
미국 주택담보대출 꿀팁

부부 중 한 명 또는 둘 다 받을 수 있다

한국에서 주택담보대출을 받으면 공동명의의 주택이라고 해도 공동명의인 중 한 명이 차주로서 대출을 받게 됩니다. 하지만 미국의 경우 부부와 부모, 자식(즉 직계가족) 간에는 명의와 관계없이 주택을 공동의 자산으로 취급합니다. 따라서 미국 부동산의 명의가 아내 단독명의라고 해도 아내가 일정한 소득이 없는 경우 남편이 연대보증을 서서 소득과 신용을 제공하고 주택담보대출을 받을 수 있습니다.

비거주자 외국인에게 요구하는 총부채상환비율이 있지만 소득이 충분하다면 집값의 70%까지 주택담보대출을 제공합니다. 만약 부부 중 한 사람의 소득만으로는 원하는 만큼의 대출이 나오지 않는 경우 주택의 명의와 관계없이 부부 두 사람 모두가 대출의 차주로 약정해서 대출을 받을 수 있습니다.

이런 장점 때문에 명의를 정할 때 소득세 구간이 낮은 가족 중한 사람이 부동산을 단독명의로 투자합니다. 그리고 부부 중 소득이 높은 사람이 차주로 대출을 받고, 소득이 낮은 배우자가 임대소득을 벌어들입니다. 이렇게 하면 종합소득세를 절세할 수 있습니다.

직전 2년간의 소득을 관리하라

앞서 설명했듯 미국의 시중 은행에서는 미국인이든 외국인이든 매달 일정한 소득(근로, 사업, 금융소득 등 상관없음)이 있어야 대출을 제공해줍니다. 은행에서 대출 심사를 할 때 직전 2년간의 소득금액 증명원을 요구합니다. 소득이 갑자기 줄어들거나 승진이나 이직으로 소득이 갑자기 크게 증가하는 경우에도 그 사유를 제출해야합니다. 이렇게 직전 2년간의 연간 소득을 점검하기 때문에 아무리 소득이 높더라도 신입사원이나 오랜 경력 단절 이후에 소득이발생한 경우 대출을 받을 때 불리할 수 있습니다.

미국과 달리 한국은 육아휴직, 자기계발휴직 등 휴직 제도가 잘 발달되어 있는 편입니다. 저 또한 대출받기 직전 연도에 육아휴직을 했습니다. 그래서 직전 연도 소득이 없는 상황이었습니다. 저는 이런 한국의 육아휴직 제도를 은행에 설명했고 무사히 대출을 받았습니다. 복직 후 정상적인 급여가 발생했고, 근속기간이 길었던 것도 한몫했습니다. 그러나 은행이나 대출 담당자에 따라 원칙적으로 까다롭게 기준을 세우면 대출을 아예 못 받을 수도 있습니다. 따라서 가능하면 미국에서 집을 사기 전에는 직전 2년간 소득을 유지하는 것이 좋습니다.

퇴사, 휴직, 이직을 피하라

대출 은행에서는 보통 직전 연도 2년치 소득 자료와 함께 최근 3개월치 급여명세서(또는 갑근세 영수증 등)를 요구합니다. 급여는 대출 심사를 진행하면서 대출이 실행되기 직전에 한 번 더 최신 자료로 업데이트를 요청하기 때문에 대출 심사를 받기 직전 6개월 정도는 가급적 퇴사, 휴직, 이직을 피해야 합니다. 더 좋은 조건으로 이직하더라도 은행 입장에서는 잦은 퇴사와 이직을 하면 리스크가 높은 고객으로 판단하기 때문에 대출 조건이 불리해질 수 있습니다.

부동산 대금 인출일이 속한 달의 직전 3개월간
큰 입금과 지출을 피하라

대출 심사를 위한 자료 중에 부동산 대금(계약금, 중도금, 잔금)이 지출될 일자가 속한 달의 직전 2~3개월치 은행 거래내역서가 있습니다. 그리고 1만 달러 이상의 입금과 지출 내역에 대해서는 어떤 목적으로 돈이 오갔는지 설명을 요구합니다. 수십 건의 대출을 진행하고 컨설팅해준 저의 경험상 큰 규모의 지출보다는 큰 규모의 입금내역을 더 까다롭게 심사합니다.

은행에서 거래내역서를 요구하는 이유는 2가지 때문입니다. 지출의 경우 은행에서 총부채상환비율을 계산하기 위해 요청하는 대표적인 지출 항목(월세, 대출이자, 관리비, 재산세) 외에 대출 신청인에게 매달 정기적인 큰 지출이 있는지 점검하고자 하는 목적입니다.

물론 살다 보면 1만 달러 이상의 지출이 우발적으로 발생하는 경우가 생기기 마련입니다. 차를 사거나 가족 전체가 해외여행을 다녀와서 카드비가 지출되거나 이사를 하면서 이사비나 가구, 가전을 사거나 하면 1만 달러 이상의 지출도 생길 수 있습니다. 이런 우발적인 지출에 대해서는 설명을 하면 불이익은 없습니다.

대출 은행에서 입금에 대해 보다 까다로운 이유는 은행이 담보로 저당을 잡을 부동산에 또 다른 부채가 있는지 점검하기 위해서입니다. 은행은 대출 신청자에게 부동산을 구입할 때 최소 자기자본투자금을 요구합니다. 거주자는 20%, 비거주자는 30%를 요구하게 됩니다. 그런데 대출 신청자가 이것도 제3자나 다른 은행에게 빌려 납부한 경우 대출 은행 입장에서는 담보물에 대한 담보가치와 안정성이 낮아질 수밖에 없습니다. 따라서 부동산 대금 인출일이 속한 달의 직전 2~3개월치 잔고증명서와 거래내역서를 요구하는 것입니다.

거래내역서상에 부동산 대금으로 지불되기 전 1만 달러 이상의 입금내역이 있다면 어떤 사유로 해당 거래가 발생했는지 일일이 설명과 증빙을 요구합니다. 예를 들어 예전에 가족이나 타인에게 빌려준 돈을 되돌려 받았다면 그 거래내역을 증빙으로 요구합니다. 혹은 가족이나 타인에게 실제로 부동산 대금을 치르기 위해서 돈을 빌렸다면 이번에 매수할 부동산 자산에 대해서 어떤 권리도 요구하지 않겠다는 문서를 제출해야 합니다.

한편 대출 심사를 받는 과정에서 1만 달러 이상의 고액이 자주 입출금되면 경우에 따라 대출 진행이 중단될 수도 있습니다. 그래서 목돈이 자주 오가야 한다면 잔금을 위한 통장을 분리하는 게 좋습니다. 제가 미국에 집을 처음 샀던 2019년에 한 지인이 저와 같은 단지에 콘도를 매수했습니다. 이분은 연세가 많으셨는데 제가 미국 부동산에 투자했다는 소식을 듣고 매수하셨습니다.

한국에서 부동산 임대업을 활발히 하신 분이었는데, 대출 심사 과정에서 거액의 돈이 입출금 되는 일이 많았습니다. 대출 담당자는 1만 달러 이상의 거래가 너무 많다며 잔금 1주일 전에 대출 실행이 불가능하다고 했습니다. 저는 그분을 도와 당시 대출 담당자의 상사에게 연락해 강력 항의했고, 해당 은행에도 항의 이메일을 보냈습니다. 다행히 가까스로 대출은 실행되었지만 상당히 마음을 졸였던 기억이 있습니다. 따라서 잔금을 치르기 전에는 해당 계좌에 1만 달러 이상의 금액이 입출금되지 않도록 관리하는 게 좋습니다.

소액이라도 신용카드 3개를 꾸준히 사용하라

대출 심사를 위해 은행이 요구하는 서류 중에서 가장 방대하고 구비하기 귀찮은 자료가 있습니다. 바로 신용카드 3개의 최근 이용명세서입니다. 비거주자 외국인은 미국에서 아무런 신용이 없기 때문에 요청하는 서류입니다. 미국 내에서 신용을 높이기 위해서는 미국 내 소득이 발생하고, 세금을 납부하고, 대출을 받아서 이자를 꼬박꼬박 잘 내거나 신용카드를 꾸준히 사용하고 연체하지 않으면 됩니다.

하지만 외국인 비거주자 입장에서는 미국 내 소득도 없고, 당연히 세금 납부 이력도 없고, 대출도 이제 받으니 이자를 낸 기록도 없고, 미국에서 발행한 신용카드 사용 이력도 없습니다. 이를 대신하는 자료로 한국에서 사용한 신용카드 이용명세서를 요구하는 것입니다.

이때 신용카드 사용 금액은 많을 필요도, 적을 필요도 없으며 그 사용액이 총부채상환비율을 계산하는 데 사용되지도 않습니다. 다만 대출 신청자가 자국에서 신용카드를 발급받을 수 있는 신용을 갖고 있고, 적은 금액이라도 꾸준히 소비를 하고 이를 연체하지 않았는지 확인하려는 것입니다.

제 주변에는 1개의 신용카드만 갖고 있고, 1달에 20만 원 정도만 사용하는 분이 있었습니다. 이런 경우 신용카드 사용 이력 대신에 체크카드 이용명세서나 최근 12개월치 통신비 납부 내역, 자동차 할부금 납부내역서 등으로 갈음할 수도 있습니다. 그러나 신용카드 이용명세서만큼 쉽게 구할 수 있는 자료는 없습니다. 카드회사 홈페이지나 고객센터에 요청하면 손쉽게 영문으로 받을 수 있습니다.

미국 주택담보대출의 꽃
HELOC

HELOC은 'Home Equity Line of Credit'의 약자입니다. 직역하면 '주택담보신용대출' 정도로 생각하면 됩니다. 정확히 같지는 않지만 한국의 주택담보 생활안정자금과 유사한 상품으로도 볼 수 있습니다. HELOC을 잘 활용하면 미국에 투자한 부동산의 가치가 높아질수록 합법적으로 부동산에서 자금을 빼낼 수 있습니다. 이를 통해 추가적으로 부동산에 재투자가 가능하고, 미국에서 내 자산을 축적할 수 있습니다.

HELOC은 보통 주택을 담보로 해서 소득이 있는 경우에 받을 수 있는 신용대출입니다. 기존에 구매한 집을 담보로 대출을 받을 수 있고, 또 기존 집에 모기지 대출이 있다고 하더라도 추가로 신용 대출을 받을 수 있는 프로그램입니다.

HELOC은 여러 가지 장점을 갖고 있습니다. 다른 일반적인 유형의 대출에 비해 대출을 받을 때 드는 수수료 등의 비용이 적습니다. 더불어 다른 대출보다 이자율이 낮은 경우가 많으며, 미국 영주권자인 경우 이자를 내고 세금을 공제받을 수도 있습니다.

HELOC은 매우 유연한 대출 제도입니다. HELOC으로 받은 대출은 마이너스 통장과 비슷하게 언제든지 갚을 수 있습니다. 가장 큰 장점은 원리금 상환이 아니라, 이자만 납부하는 이자상환 방식을 선택할 수 있다는 점입니다. 물론 원금도 원할 때 언제든지 갚을 수 있습니다. HELOC은 집에 주택담보대출이 있다고 해도 추가로 받을 수 있습니다.

보통 집의 가치에서 주택담보대출을 뺀 나머지 금액의 85%까지도 HELOC으로 대출을 받을 수 있습니다. 은행에 따라 비율이 낮을 수도 있고, 외국인에게는 좀 더 제한적인 비율을 적용하기도 합니다. 그래도 여전히 높은 비율로 레버리지를 할 수 있게 됩니다. 물론 이때 차입자의 소득, 신용점수, 부채, 매달 지출하는 대출이자, 관리비, 재산세, 월세 등을 점검합니다.

HELOC으로 받은 대출금은 어디에 써도 은행에서 상관하지 않습니다. 대출을 받아 생활비에 쓰든, 주식을 사든, 코인을 사든, 사업 자금으로 쓰든, 집을 사든 상관없다는 얘기입니다. 물론 HELOC을 받기 위해서는 조건들이 있습니다. 가장 중요한 것은 주택에 대한 완전한 소유권을 가져야 한다는 것입니다. 따라서 리스홀드 형태의 임차권을 구매한 경우 HELOC은 어렵습니다. 피심플 형태로 주택을 구매한 경우에만 가능합니다. HELOC의 장점을 정리하면 아래와 같습니다.

- 주택담보대출이 있어도 추가로 대출을 받을 수 있다.
- 대출을 받는 데 드는 비용이 적고 이자율이 저렴하다.
- 언제든지 원할 때 원하는 만큼 갚을 수 있다.
- 이자만 갚는 이자상환 방식이다.
- 대출금을 어디에 사용해도 상관없다.

대출 담당자를 바꾸고
더 좋은 조건으로 재융자를 받다

미국은 자본주의가 매우 발달한 국가라고 생각하는 사람이 많다. 그래서 시스템이 투명하고 원리와 원칙에 따라 엄격하게 업무가 진행될 것이라고 생각한다. 하지만 미국도 사람이 사는 곳이다. 어떤 대출 담당자를 만나느냐에 따라 업무의 결과가 달라진다. 나는 100건 가까이 미국 부동산 매수 컨설팅을 수행한 경험이 있다. 내 경험에 비춰봤을 때 한국이 미국보다 더 시스템과 프로세스가 발달한 면이 있었다. 이 점은 좋게 보면 미국에서는 협상이 통한다는 말이기도 하다.

E씨는 30대로 대기업에 다니는 남성이었다. 우연히 나와 같은

308

콘도에 투자해 잔금을 치르고 있었다. 미국에서는 콘도와 같은 대형 프로젝트 시 원활한 잔금 업무를 위해 해당 프로젝트와 연계된 은행과 대출 담당자들의 연락처를 수분양자들에게 준다. 당시 나는 시중 은행에서도 가장 큰 미국계 은행의 부사장급 대출 담당자와 일하고 있었다. 나는 20명 이상의 대출 담당자에게 연락했고 그중 메일 회신이 가장 빠르고, 답을 잘해주고, 직급이 높은 담당자들을 선택했다. 이렇게 3군데에서 심사를 받다가 대출 조건이 가장 좋은 은행을 선택했다.

E씨는 마지막 잔금일 2주 전에 내게 연락했다. 본인의 대출 담당자가 너무 까다롭고 답답하다는 것이었다. 대출이 나올지, 안 나올지도 모르겠다고 했다. E씨의 대출 담당자가 가장 문제 삼은 건 '총부채상환비율'이었다. 기본급 외에 각종 수당을 총부채상환비율의 소득으로 넣을지 말지를 따졌다. 한국의 일부 대기업에서는 기본급을 낮게 책정하고 야근수당, 중·석식보조비, 출퇴근보조비 등 각종 수당을 따로 책정해 급여를 주는 경우가 있다.

하지만 미국은 이런 세세한 수당 제도가 일반적이지 않다. 그래서 대출 담당자는 이를 제외한 대출한도를 제시했다. E씨는 운이 나쁘게도 경험이 부족한 대출 담당자를 만난 것이었다. 물론 E씨의 실수도 있었다. 은행에서는 단순히 근로소득 급여명세서를 요구했는데, 지나치게 세세한 정보가 기재되어 있는 급여명세서를 제출한 것부터 실수다. 기업마다 다르겠지만 임직원에게 제공하는 제증명서류 중에서 매월 급여에 관련해 보다 간략하게 금액만

나온 서류가 있었을 것이다. 그럼에도 E씨는 너무 많은 정보를 은행 담당자에게 제출한 것이다. 미국 은행에 대출 심사를 받을 때는 가장 간략한 형태의 서류를 제출하면 된다.

결국 E씨는 대출 담당자에게 이것이 한국의 기업 문화라고 말했지만, 대출한도가 필요한 금액보다 훨씬 적게 나왔다. 당시 대기업을 다니던 나보다 연봉이 더 높았음에도 대출 한도가 나보다 훨씬 적게 나왔고, 이자율도 1%가량 높았다. E씨는 이자율이 높더라도 일단 필요한 만큼 대출을 받아 잔금을 치러야 하는 상황이었다. 그래서 나는 빠르게 한국계 은행을 연결해줬고 신속하게 진행해줬다.

일시적으로 대출을 받아야 했기에 내가 최종적으로 받은 이자율보다 2% 정도 높은 조건으로 대출을 받았고, 급한 불은 끄게 되었다. 이후 내가 거래한 대출 담당자를 연결해줬다. E씨는 잔금을 치르고 등기를 마친 뒤 그 담당자를 통해 1% 낮은 이자율로 리파이낸싱, 즉 재융자를 받게 되었다.

투자 포인트

□ 어떤 대출 담당자를 만나느냐에 따라 대출 결과가 달라질 수 있다.

□ 대출 시 제출하는 서류는 간략한 형태로 제출하는 게 좋다.

□ 안 좋은 조건으로 대출받았을 경우, 은행의 재융자(리파이낸싱) 제도를 적극 활용하자.

부록1.

미국 현지 전문가 인터뷰

1. 미국 현지 은행 대출 담당자와의 인터뷰

이름: 박상수

은행 : Commonwealth Business Bank (본점: 캘리포니아)

직책: 대출 담당자

Q1. 비거주자 외국인이 미국 은행에서 받을 수 있는 대출의 종류는 무엇이 있나요?

A1. 미국에서 흔히 주택담보대출을 받을 때 이용하는 대출 상품은

컨벤셔널 모기지론(Conventional Mortgage Loan)입니다. 이 대출의 장점은 긴 대출 원금 상환 기간과 저렴한 이자율이라고 할 수 있습니다. 대체적으로 고객분들이 선택하시는 대출상환 기간은 15년 혹은 30년이고, 이 중 30년 고정이자를 많이 하십니다. 이 외에도 미국인 시민권자 및 영주권자가 생애 첫 주택을 구입하는 경우에는 FHA(Federal Housing Administration) 프로그램을 이용할 수 있습니다.

일반대출 중에는 연방국민저당협회(Federal National Mortgage Association)나 연방주택융자회사(Federal Home Loan Mortgage Corporation)라는 기관을 통해 정부에서 지원하고 모기지 기관이 보증해주는 상품도 있지만, 비거주자 외국인은 해당 상품을 가입할 수가 없습니다.

그래서 일반적으로 비거주자 외국인인 경우 일반대출 중 은행에서 갖고 있는 개별 상품 프로그램으로 주택담보대출을 진행할 수 있습니다. 이러한 상품 프로그램의 대출 상환 방식이나 이자율은 은행의 개별 상품마다 다르기는 하지만 일반적으로 은행마다 참고하는 경제지표(Index)를 토대로 이자율을 산정한다고 생각하면 됩니다.

HELOC이란 프로그램은 쉽게 직역하면 집을 담보로 한 신용대출이라고 생각하시면 됩니다. 모기지론 프로그램과 별도로 집을 이미 소유하고 있다면 그 집을 담보로 신용대출을 얻는 형식입니다. 물론 담보로 잡을 집의 감정평가 가치 이외에 대출 신청자의 소득 세금 보고를 토대로 검토해 대출이 실행됩니다.

이 프로그램은 우선 원금과 이자를 매월 내는 것이 아닌 이자만 내는 프로그램입니다. 그러므로 매월 내는 납부액이 낮아지기 때문에 지출되는 현금 흐름을 보다 수월하게 관리할 수 있습니다. 또한 빌린 금액을 모두 쓴 뒤에 원금과 이자를 함께 내면서 대출 약정기간 전에 남은 대출금의 잔액을 0달러로 만들어 놓으면 약정기간 내에는 언제든 그 금액을 다시 쓸 수 있습니다. 여러모로 HELOC은 자금을 급하게 사용할 때나 다른 투자용 집을 살 때 자기자본투자금으로 쓰기 용이하다고 보면 됩니다.

Q2. **비거주자 외국인이 미국 은행에 대출을 받을 때 은행에서 심사하는 서류는 무엇이고, 어떤 것들을 검토하나요?**

A2. 기본적으로 미국에서는 2년치 세금 보고서(한국의 소득금액증명원)를 필수 서류로 요구합니다. 한국에 세금 보고를 했다면 한국 국세청 웹사이트인 홈택스(hometax.go.kr)에서 영문으로 된 양식을 다운로드해서 제출하면 됩니다. 이 세금 보고서를 토대로 은행에서는 대출 가능한 금액을 산출합니다. 대출 신청자의 연봉과 신청하고자 하는 대출금의 원금, 이자를 은행마다 갖고 있는 가이드라인에 대입해 산출합니다. 물론 은행마다 갖고 있는 가이드라인보다 연봉이 낮으면 대출이 힘들 수

있습니다.

집을 매수하려면 기본적으로 자기자본투자금의 출처를 제공해야 합니다. 우선 주택을 구입하기 위한 대출 심사를 시작하기에 앞서 최근 3개월치 잔액증명서를 요구합니다. 만약 부모님 혹은 배우자에게 부동산 구입을 위한 자기자본투자금을 증여받을 예정이라면 은행에서 받는 증여 확인증(Gift Letter)과 함께 증여자의 잔액 증명서 최근 3개월치를 제출해야 합니다. 그다음으로 회사에 소속되어 월급을 받는다면 최근 2년치 근로소득원천징수영수증, 최근 3개월치 당월 급여 내역서를 제출하면 됩니다. 제출하는 모든 서류는 가급적 영문으로 작성되어 있어야 하며, 은행에 따라 자체적으로 계약된 번역기관을 활용하고 추후 대출 관련 부대비용으로 신청자에게 청구하는 경우도 있습니다.

Q3. 비거주자 외국인이 대출을 받을 때 거주하는 미국인 대비 불리한가요?

A3. 비거주자 외국인의 경우에는 주택담보대출을 받을 때 보통 미국 정부에서 보증해주는 프로그램을 적용받기 어렵습니다. 그래서 미국 시민권자나 영주권자보다 높은 이자율로 대출을 받아야 하는 편입니다. 한편 유리한 점은 미국에서 신용이 아예 없거나 신용점수가 높지 않은 미국 시민권자나 영주권자보다 외국인이기 때문에 더 좋은 조건으로 대출을 받을 수도 있다

는 점입니다. 비거주자 외국인의 경우 본인이 제출한 자료를 토대로 심사를 합니다. 따라서 미국인 대비 유리한 점도 있을 수 있습니다. 하지만 그만큼 제출하는 자료 및 정보가 정확하고 완벽해야 합니다.

Q4. 대출 신청자들은 사전에 어떤 것들을 관리하면 좋나요?

A4. 미국에서 외국인 신분으로 대출을 진행할 때 필요한 건 철저하고 정확한 서류 준비입니다. 더불어 꾸준한 세금 보고도 중요합니다. 미국의 시중 은행에서도 한국의 신용점수를 인정해줍니다. 따라서 한국의 신용점수를 꾸준히 잘 관리하는 것도 중요합니다. 또한 외국인이기 때문에 미국에서 발행한 신용카드로 결제한 이력이 없는 경우가 많습니다. 그러나 한국에서 꾸준하게 3개 정도의 신용카드를 잘 사용했다면 괜찮습니다. 만약 미국에서 거주하고 있는 경우에는 미국 신용점수(FICO Score)의 관리와 꾸준한 세금 보고가 가장 중요합니다.

Q5. 이자율이 급격히 오르는 시기에는 어떤 대출 상품을 추천하시나요?

A5. 이자율이 급격히 오르는 시기에는 금리 고정기간이 짧은 변동금리(Variable Rate)는 선택하지 않는 것이 좋습니다. 미국의 시중 은행에서는 하이브리드 변동금리(Hybrid ARM) 프로그램이라고 해서 5, 7, 10년 등 일정 기간 동안은 고정금리로 이자를

납부하다가 일정 기간이 지난 후에 변동금리로 바뀌는 프로그램이 있습니다. 이때 변동금리로 바뀌는 시점에 재융자를 받아도 됩니다. 물론 이자율에 큰 차이가 없다면 고정금리(FRM)로 하는 게 이자율이 급격이 오르는 시기에는 더 안전하다고 볼 수 있습니다.

Q6. 이자율을 낮추기 위한 팁이나 알아두면 좋은 정보가 있을까요?

A6. 포인트 비용(Point Fee)이라고 해서 낮은 이자율을 받기 위해 미리 그만큼의 대출금에 대한 비용을 선납하고 이자율을 낮추는 프로그램이 있습니다. 이 비용은 부동산 거래가 종결되는 시점에 한 번만 내면 됩니다. 대출 신청을 할 때 대출 은행의 담당자에게 여러 가지 대출 상품과 이자율, 각 상품에 대한 포인트 비용과 얼만큼 대출 이자가 절감되는지 조건을 문의해 유리한 상품으로 대출을 받는 것을 추천합니다.

2. 미국 현지 세무사와의 인터뷰

이름: 김종갑

회사: 마자르새빛 회계법인

직책: 미국 세무사

Q1. 미국에 투자 목적의 부동산을 샀을 때 신고·납부해야 하는 세금은 무엇이며 1년에 몇 번 신고를 해야 하나요?

A1. 해외 부동산 투자에 대한 관심이 점점 뜨거워지는 만큼 해외 부동산과 관련된 세금 문제에 대해 궁금해하는 분들도 많은 것 같습니다. 해외 부동산을 취득하는 경우 발생할 수 있는 세금 문제에 대해 꼼꼼히 살펴본다면 보다 성공적인 투자를 할 수 있을 겁니다. 미국에서는 구입 시에는 별도 세금이 없습니다. 그리고 보유 시에는 매년 재산세(Property Tax)를 2회(11월, 2월)에 걸쳐 냅니다. 감정평가 금액의 0.28~2.49%를 살고 있는 카운티(County)에 분할해서 납부합니다.

　　콘도, 단독주택, 오피스 빌딩 등 여러 부동산을 미국인이 아닌 한국인(미국 세법상 비거주자)이 구입한 경우 임대소득의 30%를 원천징수하게 됩니다. 그리고 임대소득과 관련된 각종 비용(수리비, 관리비, 재산세 등)을 부동산 관리회사를 통해 공제하고 신고할 수 있습니다. 그리고 W-8ECI(미국과 무역 또는 사업으로 얻은 소득에 대한 외국인 청구권 증명서)라는 서식을 제출하면 한미조세조약에 따라 임대수익에 대해 원천징수 없이 경비를 인정받아 절세가 가능합니다. 비거주자 한국인의 경우 임대소득을 5월 종합소득세 신고 시 보고하면, 미국에 납부한 세액에 대해 외국 납부세액 공제를 받게 됩니다. 따라서 이중과세는 피할 수 있습니다.

임대소득과 관련해서 인정되는 비용 중 한국과 다른 점도 있습니다. 미국에서는 주거용 부동산은 27.5년에 걸쳐 정액으로 상각해 비용으로 인정해준다는 점입니다. 이를 위해서는 Internal Revenue Code Section 871(d) Election이라는 조항을 이용해야 합니다. 미국 내 임대소득이 수동적인 소득이 아니라 미국 내의 경상활동(US Effectively Connected Income)임을 인정받아 비용 공제가 가능한 소득으로 변경 처리해야 합니다.

만약 세금신고서(871[d])를 제출하지 않는다면 수동적 소득으로 간주되어 임대료 자체에 비용공제 없이 바로 30%가 고정세율로 연방 정부에 의해 과세될 수도 있습니다. 전문적인 처리이므로 미국 회계사나 세무사에게 전문적인 도움을 받는 것이 좋습니다. 미국 주정부나 연방정부도 주정부 재산세 납세 기록에 의거해서 임대부동산 보유사실이 인지됩니다. 그래서 세금 보고를 1년에 한 번 보고하셔야 합니다. 임대소득, 임대비용 등 장부 기록과 비거주자용 납세자 번호(ITIN)를 신청한 후 임대소득을 보고하셔야 합니다.

만일 임대 순손실이 발생할 경우 임대소득 한도까지 20년간 수익에서 차감이 가능합니다. 임대소득이 발생한 경우는 현지인(거주자)과 마찬가지로 연방 세금 보고(Form 1040- NR)를 통해 납부해야 합니다. 그리고 부동산 매도 시 미국의 양도 소득세는 장단기로 구분해 단기 양도 소득은 10~37%로 타소득과 합산해 누진세율로 과세합니다. 장기 양도 소득은 0%, 15%, 20%로 부과됩니다. 이때 조정 총소득(Modified Adjusted Gross Income)이 부부합산신고(Married Filing Jointly)인 경우 25만 달러, 싱글 및 세대주(Head of Household)인 경우 20만 달러를 초과하게 되면 추가로 순투자이익세(Net Investment Income Tax)가 3.8% 추가됩니다. 세금 보고를 위해서는 미국 국세청에 비거주자용 납세자 번호를 발급받아야 합니다.

한국에서는 2억 원 이상의 해외 부동산을 보유 시 매년 5월에 관할 세무서에 부동산 취득, 운용 및 처분 명세서를 제출해야 합니다.

Q2. 비거주자 한국인이 미국 부동산에 투자하면 세무조사를 받나요?

A2. 해외 부동산 취득신고는 외국환 거래은행 한 곳을 지정해 거래해야 합니다. 이후 사후관리도 동일 지점에서 관리합니다. 취득 후 3개월 이내에 취득 보고서를 제출하게 되며, 해외 송금 시마다 납세증명서를 제출해야 합니다. 해외 임대 소득에 대해서는 다음 연도 5월에 종합소득세 신고·납부합니다. 처

분 시에는 처분 한 달의 말일부터 2월 이내에 양도소득세 예정신고(주소지 관할 세무서) 납부를 하게 됩니다. 예정 신고를 안 하면 무신고 가산세 20%, 무납부 가산세(1일 0.022%)가 부과됩니다. 처분 연도 다음 연도 5월에 꼭 부동산 양도소득 확정신고를 해야 합니다.

해외 부동산 취득 시에는 과세대상이 아닙니다. 단 자금 출처를 바탕으로 증여세 과세 여부가 검토되어야 합니다. 보유 시에는 임대소득세를 검토해야 합니다. 이때 타소득과 합산해서 과세하게 됩니다. 이때 미국에 납부한 세금은 외국납부 세액공제가 가능합니다. 처분 시에는 양도소득세를 검토해야 하며, 미납 시에는 세무조사가 나올 수 있습니다.

미국 국세청은 납세자의 세금신고 자료를 검토해 납세자별로 세무신고 자료에 대한 점수를 부과합니다. 높은 점수가 나오면 대상자로 선정하는 DIF(Discriminate Function) 점수 시스템을 운용하고 있습니다. 예를 들어 큰 금액의 소득 발생 시 혹은 민감한 업종(군사, 농작물 등)의 경우 세무조사가 나올 수도 있습니다. 부동산에 투자했다고 무조건 세무 조사가 나오지는 않습니다. 결국 매년 규칙적으로 정상적인 세금 보고를 하면 문제가 되지 않습니다.

Q3. 미국 부동산 투자 시에 개인과 법인 중에 무엇이 절세하기 유리한가요?

A3. 해외 부동산 투자는 크게 개인 또는 국내법인이 현지 부동산을 직접 취득하는 방식과 현지법인을 설립해 취득하는 방식으로 나눌 수 있습니다. 어느 것이 유리하다기보다는 투자자의 투자 목적에 따라 투자 방식을 결정하는 것이 유리합니다. 직접취득은 일반적인 방법으로 매매취득 대금 및 관련 비용까지 송금이 가능하며, 취득 한도에 제한이 없습니다. 계약금은 사전신고를 통해 매매대금의 10%까지 송금이 가능합니다. 미국 거주자가 아니라면 단독명의 취득만 가능하며, 장기 체류비자, 즉 영주권 등을 발급받아 공동명의 취득이 가능합니다. 자녀와의 공동취득은 불가합니다.

법인취득 방식은 현지에 법인을 설립한 후 은행에 법인계좌를 개설합니다. 외국인 비거주자가 계좌를 개설할 때 심사는 엄격합니다. 기간도 한 달 이상 걸릴 수 있습니다. 해외직접투자신고를 통해 부동산 취득자금을 법인의 대여금, 자본금으로 송금할 수 있으며, 현지 은행에 취득자금을 예치할 수 있습니다. 배우자나 자녀가 현지법인의 주식을 합법적인 증여자금 증식을 목적으로 공동투자를 하는 것도 가능합니다. 하지만 비용 측면에서 개인은 부동산 취득비용만 부담하지만, 법인은 그뿐 아니라 법인 유지 비용, 결산 비용 등 매년 비용이 발생됩니다.

직접투자 방식은 투자자 개인에게 무한책임이 발생합니다. 그러나 LLC나 S-corp, C-corp는 주주가 투자한 만큼만 유한책임이 발생합니다. 이런 면에서 법인을 통한 부동산 투자가 유리할 수 있습니다. 세율의 경우 직접투자는 해외 소득의 경우 국세청에 소득 신고를 하게 됩니다. 이때 한미조세조약에 의거해서 한국과 미국 중 높은 세율로 한 번 납부합니다. 미국은 연방소득세(10~37%) 외에 주소득세가 있습니다. 캘리포니아는 13.3%, 뉴욕은 8.82%입니다. 최대를 기준으로 할 경우 뉴욕은 45.82%에 달합니다. 한국의 경우 46.2%로 조금 낮은 수준입니다.

현지법인 투자는 현지법인 소득에 대해 법인세 납부 후, 세후 수익에 대해 배당소득으로 두 번 과세됩니다. 개인, 국내법인 투자보다 세후 수익이 불리할 수 있습니다. 즉 단순하게 부동산을 구입해 수익금을 바로 사용할 목적이라면 직접투자 방식, 즉 개인투자가 유리하다고 볼 수 있습니다. 물론 법인을 설립해 부동산에 투자하는 방법도 장점을 갖고 있습니다. 투자한 부동산을 매각 후 다른 부동산 구입 시 국내 외국환거래법에 따라 추가 신고할 필요가 없습니다. 장기 투자를 고려한다면 법인 설립도 유리한 면이 있다고 볼 수 있습니다.

Q4. 미국에 투자용 주택을 구매했다가 향후 거주용으로 사용할 계획입니다. 이 경우에도 부부합산 50만 달러 비과세를 받을 수 있을까요? 어떤 조건을 충족해야 하나요?

A4. 미국 세법 121조 Exclusion조항에는 1가구, 1주택의 양도소득에 대한 비과세 특례가 있습니다. 매각 전 5년 이내에 2년 이상 거주하고, 소유한 경우라면 개인은 25만 달러, 부부 기준 50만 달러까지 양도소득에서 공제가 됩니다. 투자용 부동산의 경우 양도차익연기(1031 Exchange)뿐만 아니라, 1년 이상 보유한 토지를 제외한 투자용 부동산(Rental Property)은 미국 국세청 자산 분류번호 중 Section 1231 자산으로서 별도의 양도소득세 적용이 있습니다.

만약 투자 부동산을 개인사업자, 법인이나 파트너십 등 사업을 운용하는 주체가 소유한 경우 장기 양도소득에 대해 유리한 세율을 적용받을 수 있습니다. 즉 양도손실(Capital Loss)이 아닌 비즈니스의 일반 영업이익과 상쇄할 수 있는 영업손실(Ordinary Loss)로 처리하는 특혜를 이용할 수 있습니다. 만약 양도손실이 발생했을 때 이를 사업체의 일반 영업이익(Ordinary Income)과 상쇄하게 되면, 일반 영업이익(최대 세율구간 37%)이 양도이익(최대세율구간 20%)보다 일반적으로 세율이 높아 전체적으로는 더 유리한 세율을 적용받을 수 있게 됩니다.

Q5. 비거주자 외국인이 미국 부동산을 매도하고 나면 외국인 미국투자특별세법(FIRPTA)에 의해서 원천징수를 당하는데 이를 피할 수 있는 방법이 있나요?

A5. FIRPTA(Foreign Investment in Real Property Tax Act)는 외국인이 미국 부동산 권리를 매도하는 경우 매수인은 매매대금의 10~15%를 원천징수해야 한다는 조항입니다. 미국은 FIRPTA 규정을 두어 외국인의 부동산 매매소득에 대해서는 미국 내 소득으로 보아 과세를 하고 있습니다. 미국 국세청 Section 1445에 따라 외국인이 미국 내 부동산을 처분하는 경우 매수자는 매매가액의 10~15%를 원천 징수하여 20일 이내에 Form 8288-B를 작성해 미국 국세청에 보고해야 합니다. 다만 동 원천징수 규정은 30만 달러 이하 주 거주용 주택을 매각하는 경우, 매도자가 미국 현지법인일 경우에는 제외됩니다. 한편 부동산을 처분한 외국인은 매각에 따른 손익을 계산해 납부할 세액이 원천징수된 금액보다 적게 나오는 경우 환불을 받게 됩니다.

FIRPTA 규정은 부동산을 직접 보유하는 경우는 물론 총 자산의 50% 이상이 부동산으로 되어 있는 법인의 소유권을 이전하는 경우에도 적용됩니다(미국 국세청 Section 897(c)(2)). 투자용이거나 100만 달러 이상의 본인 거주용인 경우는 15%, 그 외는 10%의 원천징수가 이뤄집니다. 30만 달러 이하의 본인 거주용은 전혀 원천징수가 없습니다. 이때는 진술서

(Affidavit)를 작성, 서명해야 합니다. 나중에 매도자는 정식으로 세금 보고를 해 원천징수로 낸 금액을 돌려받게 되지만, 이는 1년 정도의 긴 시간이 소요되고 금액도 큽니다.

특히 원천징수액이 양도소득세 최고액보다 훨씬 큰 경우는 이를 피하기 위해 매매가격의 15% 또는 10%가 아닌 예상 양도소득세 최고 금액을 Withholding Certificate(Form 8288-B)와 같이 내면 됩니다. 미국 국세청이 3개월 정도 내에 리뷰를 하고 통보를 해주는데 이를 근거로 에스크로 회사가 최종 지급합니다. 물론 다시 다음 해에 정식 세금 보고를 통해 환불 또는 추가 납부합니다.

Q6. 미국에 부동산을 매도하고 난 대금을 반드시 한국의 계좌로 송금해야 하나요? 아니면 미국 내에서 재투자가 가능하다면 재투자 시 절세 전략은?

A6. 반드시 한국 계좌로 송금할 필요는 없습니다. 해외부동산 처분 후 3개월 이내에 '처분보고서'를 지정거래 외국환은행에 제출하고, 처분일이 속한 달의 말일로부터 2월 이내에 한국 국세청에 양도소득세 예정신고·납부를 관할 세무소에 해주면 됩니다. 해외부동산 양도와 관련된 양도소득세 납세의무자는 국내 거주자(국내에 해외 부동산 양도일까지 계속 5년 이상 주소 또는 거소를 둔 자에 한함)입니다(소득세법 제118조의2). 따라서 가족의 일부(혹은 일시적으로 가족 전체)가 해외 주택에서 거주하였더라도

○ 8288-B 서식

Form **8288-B** (Rev. February 2016) Department of the Treasury Internal Revenue Service	**Application for Withholding Certificate for Dispositions by Foreign Persons of U.S. Real Property Interests** ▶ Please type or print.	OMB No. 1545-1060

1 Name of transferor (attach additional sheets if more than one transferor) | **Identification number**

Street address, apt. or suite no., or rural route. Do not use a P.O. box.

City, state or province, and country (if not U.S.). Include ZIP code or postal code where appropriate.

2 Name of transferee (attach additional sheets if more than one transferee) | **Identification number**

Street address, apt. or suite no., or rural route. Do not use a P.O. box.

City, state or province, and country (if not U.S.). Include ZIP code or postal code where appropriate.

3 Applicant is: Transferor ☐ Transferee ☐

4a Name of withholding agent (see instructions) | **b Identification number**

c Name of estate, trust, or entity (if applicable) | **d Identification number**

5 Address where you want withholding certificate sent (street address, apt. or suite no., P.O. box, or rural route number) | Phone number (optional)

City, state or province, and country (if not U.S.). Include ZIP code or postal code where appropriate.

6 Description of U.S. real property transaction:

a Date of transfer (month, day, year) (see inst.) _____ **b** Contract price $ _____

c Type of interest transferred: ☐ Real property ☐ Associated personal property
☐ Domestic U.S. real property holding corporation

d Use of property at time of sale: ☐ Rental or commercial ☐ Personal ☐ Other (attach explanation)

e Adjusted basis $ _____

f Location and general description of property (for a real property interest), description (for associated personal property), or the class or type and amount of the interest (for an interest in a U.S. real property holding corporation). See instructions.

_____

_____

g For the 3 preceding tax years:

(1) Were U.S. income tax returns filed relating to the U.S. real property interest? . . . . ☐ Yes ☐ No
If "Yes," when and where were those returns filed? ▶ _____

(2) Were U.S. income taxes paid relating to the U.S. real property interest? . . . . ☐ Yes ☐ No
If "Yes," enter the amount of tax paid for each year ▶ _____

7 Check the box to indicate the reason a withholding certificate should be issued. See the instructions for information that must be attached to Form 8288-B.

a ☐ The transferor is exempt from U.S. tax or nonrecognition treatment applies.

b ☐ The transferor's maximum tax liability is less than the tax required to be withheld.

c ☐ The special installment sales rules described in section 7 of Rev. Proc. 2000-35 allow reduced withholding.

8 Does the transferor have any unsatisfied withholding liability under section 1445? . . . . ☐ Yes ☐ No
See the instructions for information required to be attached.

9 Is this application for a withholding certificate made under section 1445(e)? . . . . ☐ Yes ☐ No
If "Yes," check the applicable box in **a** and the applicable box in **b** below.

a Type of transaction: ☐ 1445(e)(1) ☐ 1445(e)(2) ☐ 1445(e)(3) ☐ 1445(e)(5) ☐ 1445(e)(6)

b Applicant is: ☐ Taxpayer ☐ Other person required to withhold. Specify your title (e.g., trustee) ▶

Under penalties of perjury, I declare that I have examined this application and accompanying attachments, and, to the best of my knowledge and belief, they are true, correct, and complete.

Signature	Title (if applicable)	Date

For Privacy Act and Paperwork Reduction Act Notice, see the instructions. | Cat. No. 10128Z | Form **8288-B** (Rev. 2-2016)

출처: 미국 국세청

326

해외 주택 양도일까지 계속 5년 이상 국내에 주소 또는 거소를 둔 국내 거주자에 해당되는 경우에는 양도소득세 납세의무가 있습니다.

거주자 해당 여부는 사실관계를 종합적으로 고려해 판단합니다(소득세법 시행령 제2조~제4조 참조). 2011년 1월 1일 이후 양도분부터 예정신고·납부에 따른 세액공제가 완전 폐지되어, 예정신고를 하지 않으면 무신고 가산세가 부과됩니다. 동일 연도에 부동산 등을 여러 건 양도한 경우에는 예정신고와 함께 다음 해 5월에 주소지 관할 세무서에 양도소득세 확정 신고·납부를 해야 합니다.

예정신고 및 확정 신고·납부를 하지 않은 경우에는 무신고 가산세 및 무납부가산세(1일 0.03%)를 부담해야 합니다. 해외 부동산 소재지국 세법에 따라 현지 국가에서 동 부동산 양도와 관련된 양도소득세를 신고·납부한 경우 동 외국납부세액은 소득세법 제118조의6 규정에 따라 세액공제 받거나 또는 필요 경비에 산입하는 방법으로 공제받을 수 있습니다. 따라서 국가 간 동일 소득에 대한 이중과세는 발생하지 않습니다.

만일 미국에 거주하는 영주권자가 미국 집을 파는 대신 이사를 하고, 다른 집을 사서 이주 후 기존 집을 임대 부동산으로 쓰게 된다면, 바로 매각하면 50만 달러의 혜택을 못 볼 수도 있습니다. 이때 절세 전략 중 하나는 본인이 100% 소유하는 S-corporation를 세우는 겁니다. S-corp는 세금을 한 번만 내는 구조의 회사 형태입니다. 이 법인이 본인 집을 구매하게 합니다.

예를 들어 내가 3년 전에 30만 달러를 주고 산 집이 있다고 합시다. 그런데 가격이 지금 80만 달러로 올랐습니다. 이때 S-corp가 이 집을 80만 달러에 산다면, 양도차익 50만 달러에 대해 부부 공동 신고 시에는 50만 달러 예외규정을 활용해 세금을 납부하지 않아도 됩니다.

또한 이 집은 임대 부동산이 되어 감가상각 기준가가 90만 달러가 됩니다. 그래서 임대수익에 대해 그만큼 비용이 올라가게 되고 추가적인 혜택을 누릴 수 있습니다. 추가적으로 2017년 말 이후부터 취득 시, 집을 담보로 대출을 얻고 이 대출금액으로 집을 사거나 증축 시 대출금액 최대 75만 달러까지의 이자 비용은 개인소득세 계산 시 공제를 받아 절세 가능합니다.

부록2.

미국 부동산
필수 용어 정리

자기자본투자금(Downpayment) 자기자본투자금이란 부동산을 구매할 때 구매자가 총 구매 가격에서 주택담보대출을 제외하고 지불하는 금액을 말합니다. 보통 이 금액을 제외한 나머지 금액에 대해서 주택담보대출을 받습니다. 그래서 계약의 초기 단계에서 구매자가 지불하는 금액으로 여겨지고, 부동산 거래를 위한 계약금이라는 의미로도 사용됩니다.

담보인정비율(LTV Ratio: Loan To Value Ratio) LTV 비율이란 구매하고자 하는 부동산 등 자산의 가격 대비 대출금, 차입금의 비율을 의미합니다. LTV 비율은 미국 은행 등 대출기관이 주택담보대출을 제공하기 전에 거주자, 비거주자인지 그리고 직업이나 소득, 생애 최초 부동산 구매자인지 등의 기준을 갖고 자체적으로 기준이 되는 요구 비율을 갖고 있습니다. 즉 대출 신청자의 여러 가지 조건에 따라서 대출의 위험도를 검토하는 평가 기준입니다. 일반적으로 LTV 비율이 높을수록 주택담보대출 금리를 높게 요구합니다.

총부채상환비율(DTI Ratio: Debt to Income Ratio) DTI 비율이란 개인의 부채 금액을 전체 소득과 비교하는 측정 기준입니다. 은행 등 대출기관은 대출을 해줌으로써 채무자가 매달 갚아야 할 원금, 이자, 관리비, 재산세 등과 채무자의 매월 소득을 비교해 빌린 돈을 상환할 수 있는 능력을 측정합니다.

주택소유자협회(HOA: Homeowner's Association) HOA란 미국의 콘도나 타운하우스 등의 공동 주택에서 주택의 소유주 및 거주자를 위한 규칙을 만들고 시행하는 곳입니다. 한국의 입주자협회와 비슷하다고 생각하면 됩니다. 해당 콘도나 타운하우스를 구입하는 소유자들은 자동적으로 HOA의 회원이 됩니다. 그리고 매달 HOA 수수료라고 하는 회비를 지불해야 합니다. HOA 수수료에는 개별 관리비와 공동 공간의 유지비가 모두 포함되며, 이 관리비를 줄여 HOA라고 부르기도 합니다.

근로자식별번호(EIN: Employment Identification Number)
EIN이라는 용어는 미국 국세청에서 세금을 부과하고 징수하기 위해 기업체에 부여하는 고유 번호를 의미합니다. EIN은 일반적으로 고용주가 세금 보고 목적으로 사용합니다. 한국의 사업자등록번호와 유사한 개념이라고 생각하면 됩니다. 9자리로 구성되며 ××-××××××× 형식입니다.

어포더블 하우징(Affordable Housing) 어포더블 하우징이란 해당 주의 중위가구 소득보다 낮은 소득을 버는 가구에게 구입할 자격이 주어지는 주택을 의미합니다. 주마다 어포더블 하우징의 정의, 기준, 공급 방식, 전매나 거주 의무 기간 등에 대한 조건은 다릅니다. 어포더블 하우징은 주택의 공급난이 심하거나 주택의 평균 가격이 너무 높은 주에서 중위 소득 이하의 가구에게 안정적인 주택 구입과 거주 혜택을 제공하기 위해 운영하고 있습니다.

에스크로(Escrow) 에스크로는 미국 부동산 거래에서 반드시 이용하게 되는 시스템입니다. 제3자인 민간기관이 구매자와 판매자 모두를 보호하기 위해 금전이나 재산을 관리, 감독하는 서비스를 일컫습니다. 에스크로 서비스를 전담하는 회사를 에스크로 회사라고 하는데 주마다 에스크로 회사가 제공하는 서비스의 범위는 다릅니다. 단순히 거래대금 관리만 하는 경우도 있고, 부동산의 소유권 검토, 계약서 검토, 부동산 거래 부대비용 정리, 등기소 등기

업무 등 다양한 서비스를 제공하는 경우도 있습니다.

오픈 하우스(Open House) 부동산 거래에서 오픈 하우스란 주택 등 부동산을 판매할 때 잠재적 구매자가 집의 내부를 볼 수 있도록 약속된 기간 동안 집을 공개하는 것을 의미합니다. 한국과 달리 미국에서는 오픈 하우스를 진행할 때 세입자는 집을 비웁니다. 대신 중개인이 집 내부를 꾸며서 구매자들을 맞이합니다.

사전심사추천서(Pre-Qualification Letter) 사전심사추천서는 사전승인추천서(Pre-Approval Letter)라고도 불립니다. 은행 등 대출기관이 부동산의 매수자, 즉 대출 신청자에게 대출할 의사가 있음을 명시하는 문서입니다. 미국에서는 부동산을 구입하기 전에 미리 대출기관에 연락해 사전심사추천서를 받습니다. 이때 소득 자료, 신용 자료, 재무 자료를 제출하고 심사를 거치게 됩니다.

오퍼(Offer) 오퍼란 구매자가 부동산을 구입할 때 제시하는 일종의 조건부 제안입니다. 보통 부동산 거래 시 판매자가 호가(Asking Price)를 먼저 제시합니다. 잠재적 구매자는 호가를 토대로 금액과 조건을 판매자에게 제안합니다. 판매자는 복수의 구매 희망자들에게 여러 오퍼를 받고 가장 마음에 드는 조건을 제시한 사람에게 카운터 오퍼(Counter Offer)를 제안합니다. 카운터 오퍼는 구매자와 판매자 사이에서 여러 번 오갈 수 있습니다.

주택사전점검(Home Inspection) 주택사전점검이란 일반적으로 구매하고자 하는 부동산의 외관과 내관 등을 면밀히 조사하는 것을 말합니다. 전문적인 자격을 갖춘 주택 조사관이 난방 및 냉방 시스템, 배관, 전기, 수도 및 배수, 화재 및 안전 문제를 포함한 부동산의 내 · 외부 상태를 전면적으로 평가합니다.

등기 문서(Deed) 등기 문서란 해당 자산의 소유권이 새로운 소유자에게 이전되었다는 사실을 증명하기 위해 서명된 법적 문서입니다. 등기 문서는 각 주정부의 등기소에 제출되어야 하는데 이 작업은 일반적으로 부동산 구매자의 변호사, 소유권 회사 또는 에스크로 회사에서 수행합니다.

클로징(Closing) 부동산 소유권이 판매자로부터 구매자에게 넘어가는 부동산 거래의 마지막 단계를 의미합니다. 클로징은 부동산의 소유권이 이전되는 최종 단계이기도 하면서 부동산 담보대출을 받아서 구입하는 경우 대출이 실행되는 마지막 과정을 의미하기도 합니다.

주택담보신용대출(HELOC: Home Equity Line Of Credit)
HELOC이란 주택 자산을 담보로 받는 신용대출 상품입니다. 대출 금액은 주택 가격, 신용 점수, 소득 대비 부채 비율(DTI)에 따라다릅니다. HELOC은 일반적으로 변동금리지만 일부 은행에서는 고정금리 옵션을 제공하기도 합니다.

미국투자특별세법(FIRPTA) FIRPTA란 외국인(양도인)이 미국 부동산을 처분하는 경우 판매대금의 일정 비율로 소득세를 원천징수하는 법을 말합니다. 처분에는 판매, 교환, 청산, 상환, 증여, 상속 및 양도 등이 모두 포함됩니다. 외국인으로부터 미국 부동산 지분을 구매하는 사람(양수인)과 이 거래를 담당하는 변호사나 에스크로 회사는 양도인이 외국인인 경우 판매대금의 15%(2016년 2월 17일 이전 처분에 대해서는 처분으로 실현된 금액의 10%)를 원천징수해야 합니다. 따라서 양수인, 매수인의 중개사와 에스크로 회사는 양도인이 외국인인지 확인해야 합니다.

별첨 서류

∘ 판매자의 부동산 공개진술서: 매도자가 집을 팔기 전 집의 상태나 하자를 기록하는 문서

SELLER'S REAL PROPERTY DISCLOSURE STATEMENT
Hawaii Association of REALTORS® Standard Form
Revised 7/21 For Release 5/22

REALTOR®

COPYRIGHT AND TRADEMARK NOTICE: THIS COPYRIGHTED HAWAI'I ASSOCIATION OF REALTORS® STANDARD FORM IS LICENSED FOR USE UNDER TERMS OF THE HAWAI'I ASSOCIATION OF REALTORS® STANDARD FORM LICENSE AGREEMENT LOCATED AT http://www.hawaiirealtors.com/standard-form-policy. The use of this form is not intended to identify the real estate licensee as a REALTOR®. REALTOR® is a registered collective membership mark which may be used only by real estate licensees who are members of the National Association of REALTORS® and who subscribe to its Code of Ethics.

Information Obtained from Public Records
(May Be Completed by Listing Broker)

Seller(s) Name(s) (All on Title): _____
Property Reference or Address: _____
Tax Map Key: Div. _____ /Zone _____ /Sec. _____ /Plat _____ /Parcel(s) _____ /CPR(s) _____
Project Name (if applicable): _____ Association Name (if applicable): _____
County Zoning: _____ State Land Use Designation: _____ [ ] Fee Simple [ ] Leasehold
Flood Zone Designation(s) _____ Sea Level Rise Exposure Area: [ ] Yes [ ] No
Licensee(s): _____ Brokerage Firm: _____

Purpose of Disclosure Statement: Pursuant to Hawaii Revised Statutes, Chapter 508D (for residential real property), a seller of residential real property is obligated to fully and accurately disclose in writing to a buyer all "material facts" concerning the property. For all other real estate transactions, including the sale of vacant land, sellers are also advised to uphold any common law duty to disclose all material facts necessary to prevent misleading representations. "**Material facts**" are defined as "**any fact, defect, or condition, past or present, that would be expected to measurably affect the value to a reasonable person of the residential real property being offered for sale.**" Pursuant to Hawaii Revised Statutes, Chapter 508D-8, this Disclosure Statement may **exclude** information regarding: "**(1) An occupant of the residential real property was afflicted with acquired immune deficiency syndrome (AIDS) or AIDS related complex, or had been tested for human immunodeficiency virus; or (2) The residential real property was the site of an act or occurrence that had no effect on the physical structure or the physical environment of the residential real property, or the improvements located on the residential real property**". This Disclosure Statement is intended to assist Seller in organizing and presenting all material facts concerning the Property. It is very important that Seller exercise due care in preparing responses to questions posed in the Disclosure Statement, and that all responses are made in good faith, are truthful and complete to the best of Seller's knowledge. Seller's agent, Buyer and Buyer's agent may rely upon Seller's disclosures. SELLER IS ENCOURAGED TO OBTAIN PROFESSIONAL ADVICE AND/OR HAVE AN EXPERT INSPECT PROPERTY PRIOR TO PREPARING THE DISCLOSURE STATEMENT.

MUST BE COMPLETED BY SELLER ONLY

Seller's Statement: This is a statement concerning information relating to the condition of Property that: (i) is within the knowledge or control of Seller; (ii) can be observed from visible, accessible areas; or (iii) which is required by Section 508D-4.5 and 508D-15, Hawaii Revised Statutes. Seller may not be aware of problems affecting Property, and there may be material facts of which Seller is not aware that qualified experts may be able to discover or time may reveal. Unless Buyer has been otherwise specifically advised, Seller has not conducted any inspections of generally inaccessible areas of Property. BUYER SHOULD TAKE CARE TO PROTECT BUYER'S OWN INTEREST BY OBTAINING PROFESSIONAL ADVICE AND BY CONDUCTING THOROUGH INSPECTIONS AND OBTAINING EXPERT HELP IN EVALUATING PROPERTY AND BY OBTAINING BUYER'S OWN PUBLIC RECORDS. The statements made below are made by Seller and are not statements or representations of Seller's agent unless specifically identified. The Disclosure Statement and the disclosures made by Seller are provided exclusively to Buyers involved in this transaction only, and do not apply to any subsequent sales not involving this Seller.

THIS DISCLOSURE STATEMENT IS NOT A WARRANTY OF ANY KIND BY SELLER OR BY ANY AGENT REPRESENTING SELLER AND IS NOT A SUBSTITUTE FOR ANY EXPERT INSPECTION, PROFESSIONAL ADVICE, OR WARRANTY THAT BUYER MAY WISH TO OBTAIN.

If not presently owner occupied, date of Seller's last visit _____
Has the property ever been rented during your term of ownership? [ ] Yes [ ] No If yes, Seller shall disclose all material facts obtainable from Property Manager(s). Name of Property Manager(s): _____

General Instructions to Seller: (1) Answer ALL questions in Sections A and B. (2) If Sections C, D, E, OR F apply to the subject property, even in part, that section shall be marked as applicable and the entire section must be filled out in its entirety. If sections C, D, E or F do not apply to the subject property, then that section should be marked with an NA. (3) If any items are checked or answered yes, explain all material facts known to you in Section G. (4) If additional space is needed to explain material facts, attach additional pages to this document and sign/date at the bottom of each page. (5) All structures must be covered in the Disclosure Statement. Each separate structure shall be addressed by separate Disclosure Statement. (6) NTMK means NOT TO MY KNOWLEDGE. (7) NA means NOT APPLICABLE and cannot be answered by "Yes", "No", or "NTMK".

BUYER'S INITIALS & DATE _____
©Hawaii Association of REALTORS®
Seller's Real Property Disclosure Statement
RR109 Rev. 7/21

Page 1 of 5

SELLER'S INITIALS & DATE _____

Coldwell Banker Realty - Honolulu, 1314 South King Street, 2nd Floor Honolulu, HI 96814   Phone: 8085419498   Fax 8084614395   SAMPLE FOR
Kris Chao   Produced with Lone Wolf Transactions (zipForm Edition) 717 N Harwood St, Suite 2200, Dallas, TX 75201 www.lwolf.com

A. GENERAL: Do any of the following conditions exist? If checking "yes", reference the question number, and describe in Section G.

YES NO NTMK NA

1)	[ ]	[ ]	[ ]	Is the property subject to Covenants, Conditions and Restrictions (CC&Rs)?
1a)	[ ]	[ ]	[ ]	Are there any violations of the Covenants, Conditions and Restrictions covering the property?
2)	[ ]	[ ]	[ ]	Is the property currently used for transient accommodations (e.g. Short Term Vacation Rentals, B&B)?
2a)	[ ]	[ ]	[ ]	Does the property have a license for transient accommodations? If yes, please provide documents.
2b)	[ ]	[ ]	[ ]	If yes, are there any periodic re-licensing requirements?
2c)	[ ]	[ ]	[ ]	Are you aware of any violations past or present of the license or regulations?
2d)	[ ]	[ ]	[ ]	Has the property previously been used for transient accommodations?
3)	[ ]	[ ]	[ ]	Is the property subject to any recorded or unrecorded land lease (e.g. Pasture lease, Sandwich lease)?
3a)	[ ]	[ ]	[ ]	If yes, are there any violations of the land leases?
4)	[ ]	[ ]	[ ]	Is the property located in a Special Management Area?
4a)	[ ]	[ ]	[ ]	If oceanfront property, are there any past and existing State Shoreline Certification? If yes, please attach.
5)	[ ]	[ ]	[ ]	Is the property located in a tsunami evacuation zone?
6)	[ ]	[ ]	[ ]	Is the property located in volcanic hazard Zone 1 or 2?
7)	[ ]	[ ]	[ ]	Is the property subject to air pollution? (e.g., "VOG", Smog) If yes, clarify type of pollution.
8)	[ ]	[ ]	[ ]	Is the property located in a geothermal subzone or near a geothermal facility?
9)	[ ]	[ ]	[ ]	Is the property located in the regular path of aircraft and does it experience regular excessive aircraft noise?
10)	[ ]	[ ]	[ ]	Is the property located within the boundaries of the Air Installation Compatibility Use Zone (restricted air space) of any Air Force, Army, Navy, or Marine Corps airport as officially designated by military authorities?
11)	[ ]	[ ]	[ ]	Are you aware of the presence of or removal of unexploded military ordinance in this general area?
12)	[ ]	[ ]	[ ]	Is the property located in a Special Flood Hazard Area, as officially designated on flood maps promulgated by the National Flood Insurance Program of the Federal Emergency Management Agency for the purposes of determining eligibility for emergency flood insurance programs?
12a)	[ ]	[ ]	[ ]	Does the property have a Pre-Flood Insurance Rate Map structure built before the following: Honolulu County 9/3/1980, Maui County 6/1/1981, Kauai County 11/4/1981, Hawaii County 5/3/1982
12b)	[ ]	[ ]	[ ]	Is there an Elevation Certificate? If yes, please attach.
12c)	[ ]	[ ]	[ ]	Has the property ever received Federal Disaster Funds?
13)	[ ]	[ ]	[ ]	Does the property lie within the sea level rise exposure area designated by the Hawai'i Climate Change Mitigation and Adaptation Commission?
14)	[ ]	[ ]	[ ]	Are there any easements affecting the property?
15)	[ ]	[ ]	[ ]	Are there any roadways, driveways, walls, fences, and/or other improvements which are shared with adjoining land owners?
16)	[ ]	[ ]	[ ]	Are there any known encroachments?
17)	[ ]	[ ]	[ ]	Are there any written agreements concerning items 14, 15, or 16?
18)	[ ]	[ ]	[ ]	Is access to the property restricted? [ ] Private Road [ ] By Easement [ ] Other
19)	[ ]	[ ]	[ ]	Are there any violations of government regulations/ordinances related to the property?
20)	[ ]	[ ]	[ ]	Are there any zoning or setback violations and/or citations?
21)	[ ]	[ ]	[ ]	Are there any restrictions on rebuilding?
22)	[ ]	[ ]	[ ]	Are there any nonconforming uses or unpermitted structures on the property?
23)	[ ]	[ ]	[ ]	Is the property exposed to other types of recurring excessive noise (e.g., night club, school, street traffic, animals, coqui frogs)?
24)	[ ]	[ ]	[ ]	Are there any additional material facts as defined above regarding the property?
25)	[ ]	[ ]	[ ]	Are there any other additional material facts related to the property concerning historic registers, Hawaii's Historic Preservation Program, archaeological surveys or historic features?
26)	[ ]	[ ]	[ ]	Is there any existing or past damage to the property or any of the structures (interior or exterior) from earthquake, fire, smoke, flooding, leaks, landslides, falling rocks, tsunami, volcanic activity, or wind?
27)	[ ]	[ ]	[ ]	Are there any additional material facts regarding the neighborhood that would be expected to measurably affect the value of the property (e.g., pesticides, soil problems, irrigation, odors, pending development in the area, road widening projects, zoning changes; rail, etc.)?
28)	[ ]	[ ]	[ ]	Have there ever been substances, materials, or products known to be an environmental or health hazard such as, but not limited to, asbestos, formaldehyde, by-products of methamphetamine manufacturing, radon gas, lead-based paint, fuel or chemical storage tanks, contaminated soil or water?
29)	[ ]	[ ]	[ ]	Is there filled land on the property?
30)	[ ]	[ ]	[ ]	Has there ever been any settling or slippage, sliding, subsidence, or other soil problem?
31)	[ ]	[ ]	[ ]	Has there ever been any drainage, water infiltration, seepage, flooding, or grading problems?
32)	[ ]	[ ]	[ ]	Is there any damage caused by tree roots to/from the property or to/from another adjoining property?

_____   _____
BUYER'S INITIALS & DATE   SELLER'S INITIALS & DATE

Produced with Lone Wolf Transactions (zipForm Edition) 717 N Harwood St, Suite 2200, Dallas, TX 75201 www.lwolf.com   SAMPLE FOR

YES NO NTMK NA

33) [ ][ ][ ][ ][ ] Were additions, modifications, and/or alterations made to the property without obtaining required approvals?
34) [ ][ ][ ][ ][ ] Does any other party have an unrecorded interest in the property and/or a say in its disposition?
35) [ ][ ][ ][ ][ ] Are there any lawsuits or foreclosure actions affecting the property?
36) [ ][ ][ ][ ][ ] If you purchased the property as a foreclosure, was the foreclosure judicial or non-judicial?

B. UTILITIES AND SERVICES: Do any of the following exist? If checking "yes", reference the question number, and describe in Section G.

1) What is the source of water supply?
   a) [ ] Public   [ ] Private
      Is the property separately metered?   [ ] Yes   [ ] No
      Is there a sub-meter?   [ ] Yes   [ ] No   [ ] NA
      Is there a shared water supply?   [ ] Yes   [ ] No
   b) [ ] Catchment: Tank type _____ Capacity _____ Age _____ Condition _____
   c) [ ] Other _____
2) What type of waste water/sewage system does the property have?
   a) [ ] Public Sewer   [ ] Private Sewer Connected?   [ ] Yes   [ ] No
      If not, is connection currently required?   [ ] Yes   [ ] No
      Is there a separate sewer fee? [ ] Yes   [ ] No   If yes, describe in Section G.
      [ ] Individual Sewage Treatment Plant Vendor_____
      [ ] Cesspool   [ ] Septic System   Location _____
      Last Pumped _____ How Often? _____
      Did any cesspool or septic system pumping/overflow generate a report to any governmental agency? [ ] Yes   [ ] No
      Was there a fine? [ ] Yes   [ ] No
   b) Does the cesspool serve more than one dwelling or living unit (A "dwelling" or, "living unit" is defined as having its own kitchen/food preparation area, bathroom and sleeping/living area), including "ohana" units? [ ] Yes   [ ] No
   c) [ ] Abandoned septic or cesspool   Location _____ Filled? [ ] Yes   [ ] No   [ ] NTMK
3) What is the source of electrical power?
   [ ] Public   [ ] Photovoltaic   [ ] Other: _____
   a) Is the property subject to Special Subdivision Project Provision (SSPP) connection fees? [ ] Yes   [ ] No
   b) Hawaii law requires Sellers who pay their electricity bills directly to make a good faith declaration of electricity costs based upon the most recent three-month period that the property was occupied. In this context, answer the following:
      Do you pay the electrical utility bill directly? [ ] Yes   [ ] No
      If yes, please state the amount you paid for electricity for the most recent three-month period that the property was occupied.
      Mon/Yr: _____ Amount: _____ Mon/Yr: _____ Amount _____ Mon/Yr: _____ Amount: _____

      Buyer's actual electricity costs may vary substantially based on usage or consumption. If Seller's usage is significantly lower or higher than normal usage would suggest, please describe in Section G.

   c) If Seller's interest in a photovoltaic system is included in the sale, answer the following and attach ALL applicable documentation (i.e. leases/finance agreements, service/maintenance agreements, utility agreements net metering/buyback and/or credit agreements, user manuals, battery maintenance and warranties).
      Is the system [ ] Leased   [ ] Financed   [ ] Owned outright _____
   d) If there is a photovoltaic system, does it contain an energy storage system, such as batteries? [ ] Yes   [ ] No
4) If a Solar Hot Water System is included with the sale, answer the following and attach ALL applicable documentation (i.e. lease/financing agreement, service/maintenance agreements, user manuals).
   Is the system [ ] Leased   [ ] Financed   [ ] Owned outright   Year installed: _____
5) If a Security Alarm and/or Home Automation System is included with the sale, answer the following and attach ALL applicable documentation (i.e. lease/financing agreement, service/maintenance agreements, user manuals).
   Is the system [ ] Leased   [ ] Financed   [ ] Owned outright
6) Gas: [ ] Piped   [ ] Tank   [ ] None   [ ] Not available
7) Telephone Service: [ ] Traditional [ ] Cable   [ ] Cell   [ ] Satellite   [ ] Not available
8) Television Service: [ ] Cable   [ ] Satellite   [ ] Antenna   [ ] Not available
9) Internet   [ ] DSL   [ ] Cable   [ ] Not available   [ ] Other
10) US Postal Delivery: [ ] PO Box   [ ] Community/Cluster
                     [ ] Individual Curbside Box   [ ] Other: _____

[ ] C. ASSOCIATIONS (Condominium associations/CPR are described in Section D): Answer the following questions.
1) Name of Homeowner's Association (HOA)/Community Association (CA) Management Firm(s):
   _____ Phone(s): _____
2) Is membership mandatory? [ ] Yes   [ ] No
3) HOA/CA fee(s) and payment frequency: _____
   a) What is included in the fee(s)? _____

_____   _____
BUYER'S INITIALS & DATE   SELLER'S INITIALS & DATE

4) If you are aware of future maintenance fee increases, special assessments, association loans or pending litigation for or against the Association, describe. _____
_____

5) Are there any "common area" facilities (such as pools, tennis courts, walkways, driveways, or other areas) co-owned in undivided interest with others? _____

6) Are there any restrictions/prohibitions imposed upon pet ownership? _____

[ ] D. CONDO SPECIFIC: Answer the following.

1) Name of Association of Apartment/Unit Owners (AOAO/AOUO) Management Firm:
_____ Phone(s):_____

2) is membership mandatory? [ ] Yes   [ ] No

3) AOAO/AOUO fee(s) and payment frequency: _____
What is included in the fee(s)? _____

4) If you are aware of future maintenance fee increases, special assessments, association loans or pending litigation for or against your Association, describe. _____
_____

5) Are there any "common area" facilities (such as pools, tennis courts, walkways, driveways, or other areas) co-owned in undivided interest with others? _____

6) Are there any restrictions/prohibitions imposed upon pet ownership? _____

7) Is the Seller the developer of the CPR (Condominium Property Regime)? _____
a) If yes, has the Seller/developer sold one or more of the properties in the CPR? _____
b) If yes, what is the expiration date of the Public Report? _____

8) Does this unit include parking? If yes, how many? _____ Stall Number(s) _____
   [ ] Assigned   [ ] Unassigned
   [ ] Covered   [ ] Partial   [ ] Uncovered   [ ] Private Garage   [ ] Carport
   [ ] Standard   [ ] Compact   [ ] Tandem

YES NO NTMK NA

8a) [ ][ ][ ][ ] If the unit includes parking, is it deeded with the unit?

8b) [ ][ ][ ][ ] Are there any issues or special arrangements with the parking stall(s)?

9) [ ][ ][ ][ ] Does the unit include any storage unit(s), boat dock(s), or anything additional?

9a) [ ][ ][ ][ ] If the unit includes any of the above, is it deeded with the unit?

10) [ ][ ][ ][ ] Has there been any damage to the unit due to leakage or water intrusion from above or adjacent to the unit, or damage caused by leakage or water intrusion from the unit to areas or space below the unit?

11) [ ][ ][ ][ ] Are you aware of any defects to the common or limited common elements affecting the unit?

[ ] E. IMPROVEMENTS: Defined as a dwelling on the property; additions, alterations, modifications, structural or otherwise in/on property/etc. Answer the following questions. If checking "yes", reference the question number, and describe in Section G.

YES NO NTMK NA

1) [ ][ ][ ][ ] Do any improvements, additions, structural modifications or alterations exist at the property without required building permits, association design committee or other governmental approvals?

2) [ ][ ][ ][ ] Were any improvements, additions, structural modifications or alterations built/made with building permits, association design committee or other governmental approvals?

2a) [ ][ ][ ][ ] For any improvement(s) subject to a mechanic's and materialman's lien, has Notice of Completion been published?

2b) ————————▶ Date of publication _____ [ ]Unknown

2c) [ ][ ][ ][ ] Were any of the building permits not finalized (closed) by the permitting agency?

2d) [ ][ ][ ][ ] Were any of the improvements to the property built under an owner-builder permit?

2e) ————————▶ Date of Final Inspection Approval by the County: _____

3) [ ][ ][ ][ ] Was any electrical or plumbing work done without a licensed electrician or plumber?

4) [ ][ ][ ][ ] Is the Seller/Builder a licensed contractor who is providing warranties?

5) [ ][ ][ ][ ] Have you given any release or waiver of liability, or release from a warranty to any government agency, contractor, engineer, architect, land surveyor, or landscape architect, for any defect, mistake, or omission in the design or construction of the Property?

6) [ ][ ][ ][ ] Is the property sprinklered for fire protection?

7) [ ][ ][ ][ ] Is the property equipped with smoke/carbon monoxide detectors? How many? Are they wired into the electrical system?

8) ————————▶ What is the age of the main roof and the roofing of any other addition(s)? _____

8a) ————————▶ Has the roof been [ ] replaced, [ ] repaired, or [ ] treated? If checked, describe in Section G.

9) [ ][ ][ ][ ] Has there been any evidence or presence of mold, mildew and/or fungus interior or exterior?

_____   _____
BUYER'S INITIALS & DATE   SELLER'S INITIALS & DATE

338

YES NO NTMK NA

10) [ ] [ ] [ ] [ ] Has there been any evidence of pest infestation (e.g., roaches, fleas, bedbugs, mites, ticks, ants, rats, centipedes, etc.)?

11) [ ] [ ] [ ] [ ] Has there been any evidence or presence of wood destroying organisms in the improvements (e.g., termites, powder post beetles, dry rot, carpenter ants/bees, etc.)?

11a)[ ] [ ] [ ] [ ] Is there any known damage to the improvements caused by wood destroying organisms?

11b)[ ] [ ] [ ] [ ] Has the damage been repaired? If yes, list repairs.

12) [ ] [ ] [ ] [ ] Are there any transferable warranties (appliances, pest treatment, roof, photovoltaic, other)?

[ ] F. DEFECTS, REPAIRS OR REPLACEMENTS (Past or present): If you're aware of any past or present defects, repairs or replacements, check items listed below, use the same number and describe in Section G (dates, repairs made, vendors, etc.).

(1) [ ] Air Conditioning	(15) [ ] Fire Sprinkler System	(29) [ ] Solar Water Systems
(2) [ ] Appliances	(16) [ ] Fireplace/Chimney	(30) [ ] Solar/Photovoltaic Systems
(3) [ ] Bathtubs/Showers	(17) [ ] Floors/Floor Coverings	(31) [ ] Spa/Hot Tub/Sauna
(4) [ ] Ceilings	(18) [ ] Foundations/Slabs	(32) [ ] Swimming Pool
(5) [ ] Ceiling Fans	(19) [ ] Gutters	(33) [ ] Toilets
(6) [ ] Central Vacuum Systems	(20) [ ] Heating Systems	(34) [ ] Ventilation Systems (all types)
(7) [ ] Counters/Cabinets	(21) [ ] Lawn Sprinkler System	(35) [ ] Walkways/Sidewalks
(8) [ ] Decking/Railings/Lanai	(22) [ ] Lighting Fixtures	(36) [ ] Walls Exterior/Trim
(9) [ ] Doorbells	(23) [ ] Plumbing - Exterior	(37) [ ] Walls Interior/Baseboards/Trim
(10) [ ] Doors (all types)	(24) [ ] Plumbing - Interior	(38) [ ] Water Features
(11) [ ] Driveways	(25) [ ] Roofs/Eaves/Skylights	(39) [ ] Water Heater
(12) [ ] Electrical Systems Switches, etc.	(26) [ ] Security Systems	(40) [ ] Window Coverings/Awnings
(13) [ ] Electronic Controls/Remotes	(27) [ ] Sinks/Faucets	(41) [ ] Windows/Screens
(14) [ ] Fences/Walls/Gates	(28) [ ] Smoke Detectors/Alarm	(42) [ ] Other _____

G. Reference Question, Section, Number, and Explanation. List any additional material facts. List any attachments or exhibits:

_____
_____
_____
_____
_____
_____
_____
_____
_____
_____
_____
_____
_____
_____
_____

Under Hawaii law, unless otherwise agreed to in the Purchase Contract, Buyer shall have fifteen (15) calendar days from the date of receiving the Disclosure Statement to examine the Disclosure Statement and to rescind the Purchase Contract. Such rescission must be made in writing and provided to Seller directly or Seller's agent. If timely written notice is provided, then all deposits made by Buyer shall be immediately returned to Buyer. Failure to deliver the written notification to the Seller within the specified period shall be deemed an acceptance of the Disclosure Statement.

Seller gives permission to any Broker to provide this statement to any Buyer whose identity has been made known to Seller, including a service provider involved in the transaction between the parties.

SELLER _____ DATE _____ SELLER _____ DATE _____

BUYER'S INITIALS & DATE _____   SELLER'S INITIALS & DATE _____

©Hawaii Association of REALTORS®   Page 5 of 5   RR109 Rev. 7/21 For Release 5/22

Produced with Lone Wolf Transactions (zipForm Edition) 717 N Harwood St, Suite 2200, Dallas, TX 75201   www.lwolf.com   SAMPLE FOR

출처: hawaiirealtors.com

○ **수정사항 특약계약서:** 계약서 작성과 주택 점검 후 세부적인 협상이 있을 시 기재하는 문서

AMENDMENT # _____

To the _____

HAWAI'I Association of REALTORS® Standard Form
Revised 2/22   For Release 5/22

COPYRIGHT AND TRADEMARK NOTICE: THIS COPYRIGHTED HAWAI'I ASSOCIATION OF REALTORS® STANDARD FORM IS LICENSED FOR USE UNDER TERMS OF THE HAWAI'I ASSOCIATION OF REALTORS® STANDARD FORM LICENSE AGREEMENT LOCATED AT http://www.hawaiirealtors.com/standard-form-policy. The use of this form is not intended to identify the real estate licensee as a REALTOR®. REALTOR® is a registered collective membership mark which may be used only by real estate licensees who are members of the National Association of REALTORS® and who subscribe to its Code of Ethics.

Reviewed by: _____
             Principal Broker/Broker-in-Charge   Signature   Brokerage Firm

Reference Date: (if applicable) _____

Property Reference or Address: _____

Tax Map Key: Div. _____ /Zone _____ /Sec. _____ /Plat _____ /Parcel(s) _____ /CPR(s) _____ (if applicable).

The undersigned parties hereby agree to the following terms & conditions (Please number 1. 2. 3. etc.)

_____
_____
_____
_____
_____
_____
_____
_____
_____
_____
_____
_____
_____
_____
_____
_____
_____

Signature _____ Date _____   Signature _____ Date _____
Title _____   Title _____

Signature _____ Date _____   Signature _____ Date _____
Title _____   Title _____

Signature _____ Date _____   Signature _____ Date _____
Title _____   Title _____

NOTE: THERE IS NO WARRANTY ON PLAIN LANGUAGE. An effort has been made to put this agreement into plain language, but there is no promise that it is in plain language. In legal terms, THERE IS NO WARRANTY, EXPRESSED OR IMPLIED, THAT THIS AGREEMENT COMPLIES WITH CHAPTER 487A OF THE HAWAI'I REVISED STATUTES. This means that the Hawai'i Association of REALTORS® is not liable to any Buyer, Seller, or other person who uses this form for any damages or penalty because of any violation of Chapter 487A. People are cautioned to consult with their own attorneys about Chapter 487A (and other laws that may apply).

Page 1 of 1

©Hawai'i Association of REALTORS®
Blank Amendment
Rev. 2/22

Caldwell Banker Realty - Honolulu, 1314 South King Street, 2nd Floor Honolulu, HI 96814   Phone: 8085619498   Fax: 8084624395   SAMPLE FOR
Kris Choo   Produced with Lone Wolf Transactions (zipForm Edition) 717 N Harwood St, Suite 2200, Dallas, TX 75201   www.lwolf.com

○ **현상태 조건부 특약계약서**: 주택을 현재 조건 그대로 매수하겠다는 계약의 별첨 서류

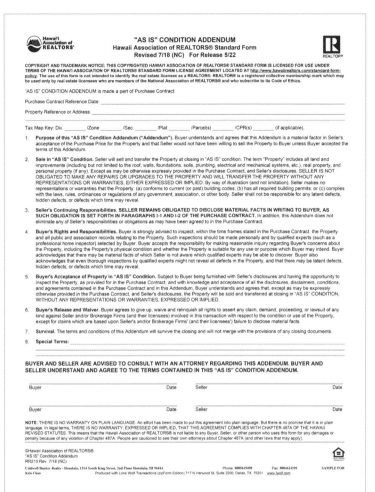

○ **1040-NR:** 임대소득이 발생하면, 외국인도 현지인(거주자)과 마찬가지로 연방 세금 보고를 해야 한다. 이때 1040-NR 서식을 작성한다.

Form **1040-NR**
Department of the Treasury—Internal Revenue Service
U.S. Nonresident Alien Income Tax Return | **2022** | OMB No. 1545-0074 | IRS Use Only—Do not write or staple in this space.

For the year Jan. 1–Dec. 31, 2022, or other tax year beginning _____ , 2022, ending _____ , 20 _____ | See separate instructions.

Filing Status
Check only one box.

☐ Single   ☐ Married filing separately (MFS)   ☐ Qualifying surviving spouse (QSS)   ☐ Estate   ☐ Trust
If you checked the QSS box, enter the child's name if the qualifying person is a child but not your dependent: --------------------------------

Your first name and middle initial | Last name | Your identifying number (see instructions)

Home address (number and street). If you have a P.O. box, see instructions. | Apt. no.

City, town, or post office. If you have a foreign address, also complete spaces below. | State | ZIP code

Foreign country name | Foreign province/state/county | Foreign postal code

Digital Assets | At any time during 2022, did you: (a) receive (as a reward, award, or payment for property or services); or (b) sell, exchange, gift, or otherwise dispose of a digital asset (or a financial interest in a digital asset)? (See instructions.) ☐ Yes ☐ No

Dependents (see instructions):

	(1) First name Last name	(2) Dependent's identifying number	(3) Relationship to you	(4) Check the box if qualifies for (see inst.): Child tax credit	Credit for other dependents
If more than four dependents, see instructions and check here ☐				☐	☐
				☐	☐
				☐	☐

Income Effectively Connected With U.S. Trade or Business

Attach Form(s) W-2, 1042-S, SSA-1042-S, RRB-1042-S, and 8288-A here. Also attach Form(s) 1099-R if tax was withheld.

If you did not get a Form W-2, see instructions.

1a	Total amount from Form(s) W-2, box 1 (see instructions)	1a	
b	Household employee wages not reported on Form(s) W-2	1b	
c	Tip income not reported on line 1a (see instructions)	1c	
d	Medicaid waiver payments not reported on Form(s) W-2 (see instructions)	1d	
e	Taxable dependent care benefits from Form 2441, line 26	1e	
f	Employer-provided adoption benefits from Form 8839, line 29	1f	
g	Wages from Form 8919, line 6	1g	
h	Other earned income (see instructions)	1h	
i	Reserved for future use	1i	
j	Reserved for future use	1j	
k	Total income exempt by a treaty from Schedule OI (Form 1040-NR), item L, line 1(e)	1k	
z	Add lines 1a through 1h	1z	
2a	Tax-exempt interest	2a	b Taxable interest	2b	
3a	Qualified dividends	3a	b Ordinary dividends	3b	
4a	IRA distributions	4a	b Taxable amount	4b	
5a	Pensions and annuities	5a	b Taxable amount	5b	
6	Reserved for future use	6	
7	Capital gain or (loss). Attach Schedule D (Form 1040) if required. If not required, check here ☐	7	
8	Other income from Schedule 1 (Form 1040), line 10	8	
9	Add lines 1z, 2b, 3b, 4b, 5b, 7, and 8. This is your **total effectively connected income**	9	
10	Adjustments to income:		
a	From Schedule 1 (Form 1040), line 26	10a	
b	Reserved for future use	10b	
c	Reserved for future use	10c	
d	Enter the amount from line 10a. These are your **total adjustments to income**	10d	
11	Subtract line 10d from line 9. This is your **adjusted gross income**	11	
12	**Itemized deductions** (from Schedule A (Form 1040-NR)) or, for certain residents of India, standard deduction (see instructions)	12	
13a	Qualified business income deduction from Form 8995 or Form 8995-A	13a	
b	Exemptions for estates and trusts only (see instructions)	13b	
c	Add lines 13a and 13b	13c	
14	Add lines 12 and 13c	14	
15	Subtract line 14 from line 11. If zero or less, enter -0-. This is your **taxable income**	15	

For Disclosure, Privacy Act, and Paperwork Reduction Act Notice, see separate instructions. | Cat. No. 11364D | Form **1040-NR** (2022)

Tax and Credits	16	**Tax** (see instructions). Check if any from Form(s): **1** ☐ 8814 **2** ☐ 4972 **3** ☐ _____		16	
	17	Amount from Schedule 2 (Form 1040), line 3		17	
	18	Add lines 16 and 17		18	
	19	Child tax credit or credit for other dependents from Schedule 8812 (Form 1040)		19	
	20	Amount from Schedule 3 (Form 1040), line 8		20	
	21	Add lines 19 and 20		21	
	22	Subtract line 21 from line 18. If zero or less, enter -0-		22	
	23a	Tax on income not effectively connected with a U.S. trade or business from Schedule NEC (Form 1040-NR), line 15	23a		
	b	Other taxes, including self-employment tax, from Schedule 2 (Form 1040), line 21	23b		
	c	Transportation tax (see instructions)	23c		
	d	Add lines 23a through 23c		23d	
	24	Add lines 22 and 23d. This is your **total tax**		24	
Payments	25	Federal income tax withheld from:			
	a	Form(s) W-2	25a		
	b	Form(s) 1099	25b		
	c	Other forms (see instructions)	25c		
	d	Add lines 25a through 25c		25d	
	e	Form(s) 8805		25e	
	f	Form(s) 8288-A		25f	
	g	Form(s) 1042-S		25g	
	26	2022 estimated tax payments and amount applied from 2021 return		26	
	27	Reserved for future use	27		
	28	Additional child tax credit from Schedule 8812 (Form 1040)	28		
	29	Credit for amount paid with Form 1040-C	29		
	30	Reserved for future use	30		
	31	Amount from Schedule 3 (Form 1040), line 15	31		
	32	Add lines 28, 29, and 31. These are your **total other payments and refundable credits**		32	
	33	Add lines 25d, 25e, 25f, 25g, 26, and 32. These are your **total payments**		33	
Refund	34	If line 33 is more than line 24, subtract line 24 from line 33. This is the amount you **overpaid** .		34	
	35a	Amount of line 34 you want **refunded to you**. If Form 8888 is attached, check here . . . . ☐		35a	
Direct deposit? See instructions.	b	Routing number	**c** Type: ☐ Checking ☐ Savings		
	d	Account number			
	e	If you want your refund check mailed to an address outside the United States not shown on page 1, enter it here.			
	36	Amount of line 34 you want **applied to your 2023 estimated tax** . .	36		
Amount You Owe	37	Subtract line 33 from line 24. This is the **amount you owe**. For details on how to pay, go to *www.irs.gov/Payments* or see instructions		37	
	38	Estimated tax penalty (see instructions)	38		

Third Party Designee	Do you want to allow another person to discuss this return with the IRS? See instructions. ☐ **Yes.** Complete below. ☐ **No**		
	Designee's name _____	Phone no. _____	Personal identification number (PIN) ☐☐☐☐☐

Sign Here	Under penalties of perjury, I declare that I have examined this return and accompanying schedules and statements, and to the best of my knowledge and belief, they are true, correct, and complete. Declaration of preparer (other than taxpayer) is based on all information of which preparer has any knowledge.		
	Your signature	Date	Your occupation	If the IRS sent you an Identity Protection PIN, enter it here (see inst.) ☐☐☐☐☐☐
	Phone no.	Email address		

Paid Preparer Use Only	Preparer's name	Preparer's signature	Date	PTIN	Check if: ☐ Self-employed
	Firm's name			Phone no.	
	Firm's address			Firm's EIN	

Go to *www.irs.gov/Form1040NR* for instructions and the latest information.   Form **1040-NR** (2022)

출처: 미국 국세청

나는 당신이 미국 부동산으로 부자가 되면 좋겠습니다

초판 1쇄 발행 2023년 3월 6일
초판 3쇄 발행 2023년 3월 27일

지은이 고미연
펴낸곳 원앤원북스
펴낸이 오운영
경영총괄 박종명
편집 양희준 최윤정 김형욱 이광민
디자인 윤지예 이영재
마케팅 문준영 이지은 박미애
등록번호 제2018-000146호(2018년 1월 23일)
주소 04091 서울시 마포구 토정로 222 한국출판콘텐츠센터 319호 (신수동)
전화 (02)719-7735 | **팩스** (02)719-7736
이메일 onobooks2018@naver.com | **블로그** blog.naver.com/onobooks2018

값 19,500원
ISBN 979-11-7043-388-0 03320